초록경

초록경

초판 인쇄 2019년 9월 25일
초판 발행 2019년 9월 30일

지은이 / 이 춘 호
펴낸이 / 박 진 환

펴낸 곳 / 만인사
출판등록 / 1996년 4월 20일 제03-01-306호
주소 / 41960 대구광역시 중구 명륜로 116
전화 / (053)422-0550
팩스 / (053)426-9543
전자우편 / maninsa@hanmail.net
홈페이지 / www.maninsa.co.kr

ⓒ 이춘호, 2019

ISBN 978-89-6349-137-0 03810

값 15,000원

* 이 책의 내용의 전부나 일부를 사용하려면 반드시 저작권자나 만인사 양측의 동의를 받아야 합니다.
* 이 도서의 국립중앙도서관 출판시도서목록(CIP)은 서지정보유통지원시스템 홈페이지(http://seoji.nl.go.kr)와 국가자료공동목록시스템(http://www.nl.go.kr/kolisnet)에서 이용하실 수 있습니다(CIP제어번호 : CIP2019033687).

이춘호 산문집

草綠経

만인사

| 머리말 |

세월이 굴러 가는 소리가 들린다

먹고사는 일! 이건 실로 빅뱅 아니면 블랙홀이다. 그런 세상이 삶을 만나면 비로소 세상은 세월로 돌아눕는다. 그 세월이 신음처럼 들려주는 소리가 손금처럼 들리기 시작한다. 이즈음 달빛의 이면을 겨냥해본 산문집 『초록경』을 펴낸다.

지금은 저승나그네가 된 소설가 윤장근. 그는 내 마음의 사부였다. 그와 자주 북성로와 향촌동 뒷골목 선술집을 찾았다. 임종이 가까워질 때쯤 자주 까무룩한 표정으로 "춘호야, 세월이 굴러가는 소리가 들린다."고 했다. 그때는 무슨 소린가 했다. 교정지를 받아들고 빈둥거리며 1년여를 발효시킨 『초록경』을 펴내면서 그의 마음을 이제 조금은 읽을 수 있을 것 같다.

『초록경』은 만인사 박진형 시인의 잦은 다그침이 없었다면 빛을 볼 수 없었다. 또한 서예와 회화의 경계를 때려 부수기 위해 일사단간(一思單間)에 든 서예가 석용진 선생의 불콰한 관심도 내 문체가 더욱 정밀하게 삭혀지는데 도움을 주었다. 또한 일상의 소중함을 일깨워준 아내 성명숙에게 마음 깊은 고마움을 전한다.

차례

|머리말|
춘호야, 세월이 굴러 가는 소리가 들린다 · 4

1_ 달의 산책
  무제 · 13
  묵광默光 · 14
  달의 산책 · 16
  재즈와 블루스 · 18
  사진 · 24
  시비詩碑, 혹은 시비是非 같은 · 26
  천지의 빙체氷體 · 30
  예술의 이면 · 35
  헤이 청바지! · 38

2_ 봄꽃의 계보
  Mr 블랙 · 43
  풍경은 천적이 없다 · 45
  봄꽃의 계보 · 48
  FROM 2월 · 51
  화경花經 · 56

하중추夏中秋 · 60
가을사용법 · 63
설악부雪嶽賦 · 66
동면사冬眠辭 · 69
황토빛 고독 · 72

3_ 처사가 그리운 세월

느림의 미학 · 77
세월의 소리 · 79
마음의 행로 · 83
혁명의 추억 · 86
세월은 실수다 · 88
처사가 그리운 세월 · 93
죽음, 그리고 초록경草綠經 · 103
울음의 각도 · 115

4_ 이념에 곡하다

미학적 테러 · 119
1%의 선과 악 · 121
나를 부탁해 · 124

차례

이념을 곡하다 · 127

공공선은 공공악 · 130

국민식당과 시민식당 · 134

슬픔의 폭력성 · 137

촛불, 그 이후 · 140

당신의 욕망은 안녕하신가 · 143

열대야 인문학 · 146

미투 · 149

기부역을 아시는지? · 152

국화와 칼 · 155

위코노미 · 159

야구공 · 162

5_ 꿈과 일

겸손이라는 감옥 · 167

꿈과 일 · 169

꿈의 안과 밖 · 172

문득! · 174

문득 어느날 · 177

인기와 환각 · 179

자본, 지옥에서 천국으로 · 181
맛테크시대를 논하다 · 183
주부멸종시대 · 189
슈퍼갑이 된 반려견 · 192
효자 반납시대 · 195
시골 관전법 · 198
풍수발복설 · 201
Because I like it · 204
엔딩 노트 · 207

1
달의 산책

무제

    더 추락할 슬픔의 바닥을 볼 리 없고, 아무도 찾아오지 않는 혼자만의 병상 곁으로 비바람이 불고 조물주까지 자기 편이 아닐 것 같은 그런 날. 주인 허락도 받지 않고 바람을 슬쩍 호주머니 안에 집어넣는다. 자연한테 위안을 받는다는 건 얼마나 참혹한 일인가. 사람으로 돌아오지 못한 전원의 삶 또한 얼마나 난감한 평화인가.
    혼자 죽는다는 것, 그리고 언어로 도달할 수 있는 게 아무 것도 없다는 것, 내가 한 일이 나에게 아무런 의미도 없을 때 누구한테 빌려온 것 같은 이 생명, 그 밑 빠진 독에 너는 지금도 뭘 그렇게 많은 걸 담아두려고 하는가.
    아무것도 아니었고 아무것도 아닐 나를 허물처럼 집어 들고 화장장으로 향하는 상여. 무엇을 하려고 했었겠고, 뭐가 되려고 했었겠고, 그리고 나머지 남은 우주의 세월은 그냥 말줄임표로 대신하는 어떤 생의 마지막 그림 같은 것. 그 곁을 기웃거리는 눈치 없는 지난해 말라죽은 강아지풀 같은 것.

묵광默光

빛은 그늘을 남긴다. 그늘은 가끔 빛을 망각한다.

나는 너가 아니기 때문에 자꾸 의심하고 질투하고 시기를 한다. 그러한 지적에도 상대가 꿈쩍도 하지 않고 되레 자신을 욕하면 결국 저주의 단계에 이른다. 저주에 이른 마음은 구원이 되지 않는다. 대못으로 변한 한 인간에 대한 증오심은 저승까지 가지 않을까.

너를 알려고 하지 마라. 나를 챙겨보라. 내가 나를 대상으로 긴 대화를 해보라. 그게 성찰 아니겠는가. 세상에는 실패는 없다. 이긴 자는 자숙해야 되고, 진자는 성숙해야 된다. 세상은 옮겨갈 뿐 절대 바뀌지 않는다. 진정한 예술가는 노선이 없다. 이념도 없다. 그 누구도 그를 매수할 수 없다.

시간이 세월 쪽으로 기울면 바람의 화법을 발견하게 된다. 그 화법의 중심에 자신의 영혼이 들어가면 삶은 하나의 거룩한 풍경이 된다. 풍경은 혀가 없다. 그러니 뭘 바랄 게 없는 것. 바람이 있는 무명無明, 그래서 자신의 말과 글 속에서 천형天刑을 받을 수밖에 없는 것이다.

인간의 진화, 거기서 우담바라처럼 피어나는 꽃! 그게 밝음이 아니라 실은 형언할 수 없는 어둠의 빛, 일종의 묵광默光이 아닐까?

숨어 있다. 그 자객이 대붕처럼 날개짓하면 세월은 풍류 톤으로 익어간다.

달의 산책

　우린 달빛만 알지 달의 이면은 모른다. 이젠 해보다 달의 안부가 더 궁금하다. 놀러가기엔 좀 먼 거리. 그냥 아지랑이처럼 바라만 본다. 달의 밝음은 기쁨이 아니다. 일종의 한숨이다. 밝음이란 본질적으로 위험하고 불안전하다. 모두가 좋아하는 웃음, 실은 깨지고 멍들기 쉽다.

　달은 재즈를 낳은 블루스의 음계를 갖고 있다. 어떤 음을 반음 어긋나게 하면 한 음보다 더 강력한 느낌의 반전이 일어난다. 밝음의 뿌리는 어둠, 그 어둠이 인간의 유전자 속으로 파고들어 고독과 외로움으로 착근된다.
　달빛은 한없이 물컹거린다. 별빛을 더 깊게 발효시키는 누룩이다. 태양이 송곳니 같다면 달빛은 어금니. 달은 인간의 유모였다. 고독도 그래서 달의 연대기를 갖고 있다. 온갖 유성한테 두들겨 맞아 얼굴 곳곳은 구멍투성이 곰보 같다. 압정처럼 흩어진 별, 달에겐 그 별빛이 자음이자 모음. 달은 제 방식대로 그걸 묶어 작문한다. 달의 필체가 비로소 완성된다. 그 일부분을 광인급 시인이 해독한다. 그게 신탁神託이다. 신탁은 달이 불안에게 주는 일종의 신경안정제다.

매년 지구와 달 사이는 천문학적 수치만큼 멀어진다. 언젠가 지구와 달은 남남이 될 것이다. 결국 지구는 죽음의 별이 될 것이다. 인류도 사멸할 것이다. 그리고 어둠으로 회귀할 것이다. 저 달빛의 환함은 늘 어둠행이다.

1969년 7월 20일, 닐 암스트롱이 '고요의 바다'란 한 지점에 자기 발자국을 찍었다. 하지만 아직도 달에는 달밖에 살지 못한다. 달은 지구와 같은 보폭으로 돌기에 그의 뒷면을 영원히 볼 수 없다. 낮에는 130도, 그러다가 밤에는 영하 130도까지 곤두박질친다. 1959년 9월 그런 달의 뒷면 사진이 밝혀졌다. 이젠 억대를 호가하는 달 여행을 꿈꾸는 자도 늘고 있다.

갑자기 달이 잘 로스팅 된 원두처럼 보인다. 달에 커피숍을 오픈하고 싶다. 거기 산책 오는 이에게 한 잔씩 드립해주고 싶은, 어둑한 달빛이 찻잔 안에서 라떼의 거품처럼 내려앉는다. 프랭크 시나트라가 부르는 「Fly to the moon」 한 잔을 그대에게 날린다.

블루스와 재즈

1926년 3월 1일. '울 밑에 선 봉선화야~'로 시작되는 가곡「봉선화」의 작곡가 홍난파. 그가 코리안재즈밴드를 결성한다. 한국에서 처음 재즈가 발아되는 날이다. 그 시점은 재즈의 대명사로 불리기도 했던 루이 암스트롱이 고향 미국 뉴올리언스를 떠나 시카고에 정착하던 때. 그가 1929년 뉴욕으로 진출할 때 미국은 대공황기, 하지만 재즈는 되레 최전성기를 맞는다.

다들 '일제강점기에 웬 재즈'라고 할지 모르겠지만 일제 때 지구촌 재즈는 절정기를 맞는다. 재즈는 코카콜라·스타벅스 커피 못지 않은 파급력을 가졌다. 미국의 재즈는 유럽의 자양분 덕분에 태어나지만 그것은 흑인노예의 노동요「블루스(BLUES)」에서 출발, 전 세계 음악의 근간을 뒤흔들어버렸다. 재즈의 고향은 뉴올리언스. 여긴 원래 프랑스령이었다. 스페인의 노예무역선 아미스타드호를 타고 뉴올리언스에 도착한 흑인과 프랑스인 사이에서 태어난 혼혈아 크레올(Creole), 마치 선창 홍등가 같았던 스토리빌. 거기 살던 절망의 크레올 앞에 꿈의 악기가 등장한다. 군악대용 관악기였다. 미국과 스페인의 싸움 와중에 병참기지가 된 뉴올리언스. 거기로 밀려든 군수품에 그 악기도 섞여 있었다. 현악기 세상이었던 유럽, 거기서 푸대접받던 관악기가 대서양을 건너와 크레올을 만나 재즈를 잉태한 것이다. 그런 재즈가 훗날 다국적 음악이 될 줄 그들은 꿈에도 생각하지 못한다. 두툼한 흑인의 입술과 관악기는 환상의 쿵짝이었다.

크레올은 항구 근처에서 연주를 하며 호객행위를 했다. 그 무렵 재즈 연주 스타일은 랙타임(Ragtime). 이 장르가 뭔지 알려준 게 바로 영화 「스팅」 주제곡, 스콧 조플린 작곡 「The entertainer」이다. 뉴욕으로 몰린 대다수 흑인 재즈연주자, 흑인 스스로는 백인사회로 절대 파고들 수 없었다. 누군가의 조력이 절실했다. 이때 좌파 지식인이었고 밥 딜런과 빌리 할리데이, 엘라 피츠제럴드 등을 발굴한 프로듀서 존 하몬드가 수호천사로 등장한다. 그는 흑인 재즈뮤지션의 대변자였다. 하지만 재즈산업의 최대수혜자는 백인이었다. 백인이 개발한 악기를 든 20명에 가까운 빅밴드, 그들은 플로어에 모인 백인 춤꾼의 흥겨움을 위해 존재했다. 그때가 바로 스윙재즈시대였다.

2차 세계대전 종전과 함께 찰리 파커·디지 길레스피·존 콜트레인·듀크 엘링턴 등은 재즈에 대해 정색한다. '더 이상 재즈가 백인들의 기쁨조가 되어선 안 된다'고 주장한다. '재즈 정신'으로 돌아가자고 외쳤다. 그 정신이 바로 프리·모던재즈시대를 개막시킨 비밥(Bebop)이다. 하지만 스윙재즈와 달리 비밥은 춤추기 어려웠다. 무대 연주만 특화되고 춤판은 사그라들었다. 너무 예술적이었던 비밥,

돈은 꽝이었다. 프리재즈는 상업성에서 벗어났지만 그게 결국 그들의 목을 죄는 족쇄가 된다. 재즈가 탄생할 즈음 미국 백인은 유럽에서 건너온 바이올린, 밴조, 만돌린 등을 앞세운 컨트리 뮤직에 침잠해 있었다. 이 둘이 만나면서 리듬앤블루스와 로큰롤 시대가 시작된다. 이 흐름에 한국도 예외일 수는 없었다. 프리재즈의 자양분을 건네받은 백인 연주자. 그들은 한과 절규가 스며든 흑인만의 블루스에 주목한다. 블루스는 재즈의 원천이었다. 기존 컨트리와 비교할 수 없는 음악적 보디감이 녹아 있었다. 치명적인 노동판, 일상에서 대화가 금지된 흑인 노예들, 그들은 하늘을 보며 홀로 울부짖을 수밖에 없었다. 허밍에 가까운 흥얼거림의 율조가 바로 블루스. 백인들은 너무 실험적이어서 돈이 안 된 비밥을 딛고 '리듬앤블루스'를 만들어낸다. 이 음습한 할렘가 음악은 50년대 풍요 속 한없는 절망을 느꼈던 미국 10대의 분노와 만나 빅뱅을 일으킨다. 그게 바로 로큰롤 신드롬이다. 로큰롤(Rock and Roll)은 성교란 흑인들의 비속어였다. 리듬앤블루스의 별칭이 바로 로큰롤이었다. 그런데 아이로니컬하게도 흑인의 슬픔이 백인 10대의 슬픔과 의기투합한 것이다.

  1955년 상영된 영화「폭력교실」에 삽입된 빌 헤일리의 노래 「Rock around the clock」이 10대의 애국가로 등극하면서 로큰롤 시대가 개막된다. 로큰롤은 전설적 DJ 앨런 프리드가 만든 용어다. 그는 백인들로부터 사탄의 음악으로 찍혔던 리듬앤블루스를 로큰롤로 에둘러 표현했다.

  일본을 거쳐 한반도로 유입된 서양 대중음악은 당시 일본식 용어로 모두 자스로 불린다. 자스란 미국을 포함한 서양음악의 통칭이었다. 샹송, 탱고, 룸바 등까지 포함한 재즈는 한때 경음악·팝송·세미클래식 등과도 혼용된다. 일부에선 「My way」 같은 곡을 원곡대로 안 부르고 음을 좀 폼나게 밀고 당기고만 잘해도 재즈 가수로 분류하기도 했다. 에디슨이 개발한 축음기에 녹음된 숱한 재즈 음원은 일본을 딛고 한국으로 대거 유입된다. 홍난파가 그 흐름을 재빨리 간파해 한국 재즈의 첫 단추를 채워준다. 재즈의 한국적 변용은 트로트 범람 속에서도 줄기차게 이어져나간다. 대중음악 평론가 박성건이 출간한 『한국 재즈 100년사』에 따르면 1936년 가수 삼우열은 처음으로 「다이나」라는 미국 재즈곡을 녹음했고, 3년 뒤 이난영은 재즈풍의 가요 「다방의 푸른 꿈」을 취입한다. 손목인은 그해 우리말 음반에서 최초로 재즈 뮤지션이 간주 때 '비비밥밥~'같이 의미없는 흥얼거리는 창법 중 하나인 스캣을 사용해 「씽씽씽」을 작곡한다. 특히 1959년 손석우는 「비 오는 날의 오후 3시」에서 장음계에서 제3음과 7음을 반음 낮춰 연주하는 재즈의 독특한 음계인 블루노트를 사용한 재즈풍의 편곡을 도입한다.

일제 강점기 때 유랑 가극단. 광복 직후 색소폰·트롬본·트럼펫·드럼·콘트라베이스 등 더욱 다양한 관·현·타악기가 가세하자 가극단은 악극단·경음악단으로 한 단계 업그레이드된다. 이런 문화적 인프라를 딛고 광복~미군정기, 쟁쟁한 실력파 재즈 연주자가 등장할 수 있었다. 이난영의 남편이었던 김해송의 KPK악단. 1959년 미국 진출 첫 한류 자매트리오로 불리는 김시스터즈의 아버지가 바로 김해

송이다. 손목인의 CMC악단, 반야월의 남대문악극단, 황문평의 장미악극단이 미8군 클럽과 댄스홀(카바레)을 주름잡는다. 한국 전통가요 작곡가는 거의 재즈에 영향을 받고 있었다. 당시 경음악단이 선호했던 곡은 미국 본토의 재즈곡이 아니었다. 탱고와 룸바, 지터버그 등 관능적이고 육감을 자극하는 댄스곡 위주였다. 50년대를 풍미했던 페페즈 프라도가 작곡한 「체리핑크맘보」는 이들 악단의 주 레퍼토리였다. 「신라의 달밤」을 부른 현인은 박단마와 함께 미군정 때 재즈싱어로 주목받는다. 특히 서울대 치대 출신인 베니김(김영순)과 길옥윤, 서울대 음대 출신의 송민영은 경기중 3학년생이던 박춘석과 함께 국내 첫 스윙밴드격인 '핫 팟'을 결성한다.

1955년 7월 26일 미8군사령부가 일본에서 서울 용산으로 이전된다. 미국 본토에서 건너온 USO 공연단이 국내에서 위문공연을 펼쳤다. 하지만 국내 미군들의 밤문화를 충족시키기에는 역부족이었다. 50년대말 전국 미군클럽 수는 260여 개. 국내파 악극단과 미8군 클럽문화가 부딪히면서 형성된 게 바로 '미8군쇼'. 미8군쇼는 한국 재즈의 뿌리였다. 미군클럽과 국내파 연주자를 연결해주는 공연대행사가 절실했다.

1957년 드디어 미8군쇼 무대만 상대로 하는 용역업체가 탄생한다. 상공부 등록 용역불 수입업자란 자격을 취득해야 했다. 그 첫 용역업체가 바로 화양흥업이었다. 화양은 이후 유니버설과 함께 베트남전 파병이 본격화된 1966년 여름까지 국내 미8군쇼를 독점하게 된다. 한국의 재즈는 본격적이지 않고 어정쩡했다. 클래식도 팝송도 가요도 아닌 무엇 사이에 낀 샌드위치 뮤직과 같았다. 현대 팝의 역사는 블루스의 자양분을 받은 재즈의 재해석판이다. 서양음악은 재즈란 용광로로 들어왔다가 각기 다른 색깔로 파생돼 나갔다. 마치 마르크스레닌주의가 현대민주주의에 미친 영향만큼이나 재즈의 영향력은 상상을 초월했다.

국내도 이판근, 강태환, 강대관, 신관웅, 이동기, 최선배, 김준, 박성연, 류복성, 김수열 등 재즈 1세대이다. 1985년 10월 12일 오후 2시 30분. 대구에 기념비적인 재즈연주단이 탄생한다. 바로 9인조 다운비트 재즈연주단이었다.

사진

1823년 프랑스의 니에프스와 다게르가 사진을 처음 발명한다. 이를 응용해 1894년 에디슨이 키네토스코프(Kinetoscope)라는 필름 동영상 장치를 만든다. 이 기계는 동전을 넣으면 렌즈 구멍을 통해 혼자서 영상을 볼 수 있었는데 1초에 46프레임이고 총 15초 정도의 길이에 불과했다. 그러나 키네토스코프는 당시 사람들이 줄을 서서 보았다고 한다. 하지만 에디슨의 키네토스코프는 최초의 영화로 인정받지 못한다.

1895년 12월 28일 프랑스의 한 카페에서 세계 미학사의 한 획을 긋는 영상물이 태어난다. 세계 최초의 영화감독으로 평가받는 뤼미에르 형제가 세계 최초의 영화로 불리는 「열차 도착」이라는 3분의 짤막한 작품을 공개한다. 반응은 경악 그 자체. 이 작품은 지금 생각하면 아무런 의미가 없을 정도로 단순한 동영상에 불과했다.

스토리도 없다. 단순히 열차가 도착하는 장면뿐이다. 하지만 19세기 후반 사람들에게는 쇼킹이었다. 스크린에서 열차가 올 때 몇몇 관객들은 진짜로 들어오는 것으로 착각하여 비명을 지르며 달아났다고 한다.

매년 10월 27일은 영화인의 날이다. 1919년 바로 이날 우리나라에서 처음 만들어진 영화라고 알려진 「의리적 구토(義理的 仇討)」가 서울 단성사에서 첫 상영된 날이다. 1966년 당시 영화인협회 회장이던 윤봉춘씨가 이 날을 기준 삼아 영화인의 날로 정한 것이다.

영화감독은 미학적 독재가이다. 한 명의 감독이 태어나기 위해선 10년 이상 현장 경험이 있어야 한다. 빛나는 감독의 그늘 아래 허무하게 사라지는 무명감독도 부지기수다.

감독은 숱한 스태프와 배우를 능수능란하게 다룰 줄 안다. 현실에서 이룰 수 없는 꿈과 열망을 스크린으로 옮겨주는 자다. 명감독일수록 독한 구석이 있다. 자신이 원하지 않는 연기를 하는 배우를 향해 수십 차례 NG를 연발하기도 한다. 호랑이는 가죽을 남기고 감독은 어쩌면 필름을 남기는지도 모른다. 달리 인류한테 무슨 변명을 할 수 있겠는가.

시비詩碑, 혹은 시비是非 같은

　대구시 달성군 화원읍 인흥마을 남평문씨 세거지의 수봉정사 마루 밑. 어두컴컴한 거기에 남다른 사연을 가진 비 하나가 여태 빛을 못보고 숨겨져 있다.
　상하이 임시정부에 거금의 군자금을 쾌척하고 숱한 과객을 위해 숙식을 제공했던 수봉 문영박을 위한 공덕비다. 과객·식객들이 신세 진 것을 공덕비로 대신하려고 한 것이다. 하지만 그 사실을 안 수봉은 펄쩍 뛰었다. "부끄럽다. 당장 그 비를 철거하라."고 불호령을 내린다. 수봉 타계 후에도 그 비는 세워지지 못한다.
　수봉의 인품도 그러거니와 조부의 유지를 받든 후손의 겸양지덕 역시 고매했다. 선비들이 가장 경계한 건 뭘까? 유명해지는 것이다. 그리고 부풀려지는 것이다. 세인의 입에 오르는 것이다. 그러니 그들은 항상 비석을 경계했다.
　비석은 생자生者보다 망자亡者의 몫이었기 때문이다. 그래서 살아생전의 비석은 언감생심. 돌에 새길 업적 남기기가 얼마나 어려운가를 알았기 때문이다. 특히 선비들은 생전에 책 내는 것조차 부끄럽게 여겼다. 학문을 실천궁행할 뿐이었다. 생전의 업적은 제자와 향리의 인사들이 수의해서 능히 그럴만하다고 평가되면 걸 맞는 문집을 영전에 바쳤다.

살아 있을 때 사람의 행적은 침소봉대될 가능성이 높다. 그래서 선비들은 업적보다 처세에 더 신경을 썼다. 그들은 앎보다 모름을 더 존중했다. 그래서 결코 나댈 수 없었다. 하지만 양반은 권세에 잘 휘둘렸고 공다툼을 잘 했다. 선비들은 철저하게 기록하고 편지 등을 통해 도반과 교류할 뿐 '세상 사람들아! 내가 얼마나 많이 아느냐'란 듯이 책을 출판하지는 않았다. 문인화도 거래와 판매의 대상이 아니었다. 그냥 수신용이었다.

그런 가운데도 권세지락權勢之樂에 취한 모리배 같은 양반들은 특히 공덕비 같은 걸 경쟁적으로, 관행적으로 세웠다. 아니 권력의 맛을 아는 알 만한 사람들이 알아서 챙겨줬다. 일종의 공덕비 거래였다. 그 비문은 하나같이 칭송·예찬 일색, 비문을 읽을 수 없었던 민초에게는 한 점 돌덩이에 불과했다. 일제강점기 공덕비는 훗날 대다수 원망비怨望碑로 전락한다.

하지만 세상이 달라졌다. 선비도 사라지고 없는 세상이다. 이젠 자기 PR시대. 사람들은 생전에 모든 영광을 독점하려 든다. 시비詩碑는 한술 더 뜬다. '한 시인, 한 시비 갖기 세상'이다. 시인이 마치 국부國父나 된 것처럼. 이런 와중에 돈 받고 시비를 세워주는 단체도 있다. 지자체는 유명 문인을 문화상품으로 활용한다. 그를 위한 집도 지어주고 문학관, 문학의 거리 등도 만든다. 시비는 당연지사.

시인이 언젠가부터 지식의 상위포식자가 된 것처럼 처세하는 것 같았다. 문인·작가가 정신적 존재라기보다 글로 무엇을 도모하는 존재 같아 보인다. 다른 사람보다 문장을 더 조리 있게, 더 기술적으로 적는 전문가 같았다. 시민보다 더 우월한 존재라는 걸 고집하기 어려운 시대가 되었다. 그러니 훈장 같은 비석을 포기할 리가 없는 지도 모른다.

자꾸 그런 생각이 든다.

궁지에 몰린 자를 향한 무한한 측은지심, 그게 '시인정신'이라고 하면, 자신이 그런 정신을 갖고 좋은 시를 적었다고 확신하는 사람이라면, 이 시대의 사각지대에 놓인 절망에 책임감을 느껴야 될 것이다. 그래서 더 많이 시비를 세워 세상을 정화시켜야 된다고 고집할 수도 있다. 그건 시대착오적 발상이 아닐까.

어쩌면 세상의 모든 아버지와 어머니의 일생, 그 자체가 시보다 더 숭고한 가치가 있는 게 아닐까 싶다. 그걸 믿는 시인이라면 시집에는 목숨을 걸어도 자신을 위한 시비는 절대 거부할 것이다. 그게 시정신 아닐까?

생전 시비는 흉물이 될 가능성이 높다. 시비詩碑는 두고두고 시비 거리가 될 수 있다. '미투 파문'에 휩싸인 고은 시인. 그의 시비도 철거소동을 빚었다. 인기 가수의 노래비도 이런저런 사건 때문에 추한

돌로 변해버렸다. 시비를 많이 세운다고 절대 존위와 권위가 발생하지 않는다. 세워주려는 마음만 받고 시비는 사양하는 것, 그게 시정신이다.

　유명有名은 무명無名한테 진 빚이다. 유명할수록 자중하고 겸손해야 된다. 특히 약력까지 새긴 1천만원 이상의 제작비가 소요되는 묘석 같은 매머드 시비는 사후에, 그것도 이순신·안중근급 국민이 공감하는 대시인에 한정해 매우 선별적으로 세우는 게 바람직하지 않을까 싶다. 하지만 시민들이 십시일반 돈을 내 만들어주고 싶은 그런 시비가 과연 이 나라에 몇 개나 있을까? 문학단체 관계자들이 믿을 만한 구석이 있는 예산을 가지고 선심 쓰듯 세우는 게 시비의 현주소이다. 거기에 무슨 애틋함과 정신이 깃들 수 있을까. 자기 집 정원, 무덤 앞에 자기 돈 내고 세우면 누가 탓하겠는가.
　시비, 좋은 게 좋은 게 아니다.

천지의 빙체氷體

　한겨울을 집어삼킨 백두산 천지天池. 얼음 두께 5미터, 전인미답 눈밭을 이불처럼 덮고 심원한 수심을 빙장 중인 천지. 거대함을 넘어 거룩하기까지 한 빙판, 삭발 직후 두피 같은 얼음의 살갗, 다육이 엽광 도 아니다. 옻칠한 목기의 유현한 광택도 아니다. 깊이를 가린 침울한 고요, 극채색을 참수해버리는 무채색의 결기. 심히 불편할 정도로 장엄한 천지를 나는 빙전氷殿, 아니 빙경氷經이라 불러본다.
　어느 정도 무너져야 삶의 생살이 보일까. 언어로 때론 욕심과 욕망으로만 표출되는 삶. 누군 혓바닥이 시키는 대로 간다. 자살의 길로 가버린 자들은 자기 생명을 본래 주인한테 자진 반납해버렸다. 살 이유가 없는 삶. 그 곁에 어정쩡하게 붙어 서 있는 생명, 그게 사족이 되어버린 자들의 쓸쓸한 눈매가 지금 천지에 다 모여든 것 같다.
　이놈은 넓이는 보여줘도 좀처럼 깊이는 보여주지 않는다. 설한풍한 자락이 얼음 위에 쪼그려 앉아 멍하니 얼음장을 내려다본다. 얼음의 신탁을 오래 기다렸다. 물이 얼다니, 얼었던 물이 다시 녹다니.

죽다니, 아니 목숨이 다시 살아나다니.

20년간 사철 사방에서 백두산 사진만 찍었던 사진가 안승일. 그는 그 빙전氷田에 이글루 같은 얼음집을 지었다. 미학의 막장은 자신을 가장 불리한 곳으로 몰아놓는 일이라는 걸 그는 안다. 카프카의「정의론」을 다시 읊조려 본다. "자기를 가장 불리하게 만드는 행위가 정의의 출발이다."

작정한 자는 일상을 버려야 한다. 그리고 제 운명의 멱살을 잡는다. 그는 종일 셔터 삼매경에 빠져든다. 눈빛은 고통스러우면서도 태평하고 그러면서도 고원高遠하다. 일순 굶주린 독수리 부리가 된다.

풍경은 폼이다. 하지만 풍광은 격이다. 그의 셔터는 풍경이 아니라 풍광을 노린다. 그림 또한 그렇지 않은가. 덧칠 삼매경에서 벗어나 단순 삼매경에 들어야 비로소 자기 그림의 운명을 짐작할 수 있다. 말과 글로 무장한 삶이 아니다. 행으로 무장한 자의 단순하고 질박한 내공. 그래서 초월보다 일상이 몇 수 깊은 건지도 모른다. 진정한 초월은 일상을 벗어나는 게 아니라 일상으로 돌아오는 것이다.

안승일을 백두산의 '방점'이 되도록 만든 건 팔자 탓만은 아니다. 천지 정령의 러브콜때문이다. 하고 싶어 하는 거야 누구나 할 수 있는 거겠지만, 어쩔 수 없이 할 수밖에 없는 경지, 그게 예술이다. 작전과 전략이 무용지물이 되는 경지. 그래서 예술은 누구의 편이 될 수 없는 것, 궁극의 예술은 예술가 본인까지도 소외시킨다. 그래서 삶이 아니라 예술은 죽음의 비로秘路.

 백두산! 아니 장백산. 중국과 북한이 지리적으로는 차지하고 있지만 그 정혈이랄 수 있는 천지의 기운은 아직 두 나라가 독점불가. 풍경이 관광이라면 풍광은 여행. 관광이라면 굳이 안승일이 20년 백두산에 은거할 필요도 없었을 것이다.

 안승일의 천지 얼음사진. 괴목 같기도 하고 고사목 같기도 하고 옹이 같기도 하고 얼어버린 북구의 오로라 같기도 하고 물 빠진 갯벌, 침향의 연기가 만든 궤적 같기도 하다. 아편 기운에 찌든 재즈 여전사 제니스 조플린의 광적인 우울, 그리고 포르투갈 민요인 파두의 여신 아말리아 호드리게스가 부른 「검은 돛배」의 행간. 아르헨티나 민중의 최대 위안이 된 안데스 전통 민속음악인 폴클로레 계열의 아르헨티나 출신 가수인 메르세데스 소사의 목소리, 재즈 뮤지션 쳇 베이커의 음색 같은. 방금 출토된 조선청화백자의 파편 같다. 그 방대한 천지 얼음의 체적. 방금 모판에서 덜어낸 청포묵의 매끈함과는 확연히 다른 질감이다.

 황량한 것으로는 설명이 안 된다. 황막함이다. 황량하고 그러면서도 막막한 것. 천지의 절혹한 빙질氷質. 방금 봉합수술 된, 갈갈이 찢겨져나간 교통사고 당한 자의 편집된 푸르죽죽한 살갖 같은. 죽은 것도 산 것도 아닌 사막의 풀인 회전초 같다. 회전초, 이 놈은 물이 부족하면 실뭉치나 먼지덩이처럼 사막의 온 사방으로 굴러다닌다. 생이 아니라 완전한 죽음의 포스다. 그러나 비가 오면 다시 줄기를 뻗

어낸다. 그 놈은 죽음에서 삶쪽으로 건너온다. 불사不死의 풀 같았다.

 어릴 때 나도 모르게 슬픔의 각도를 알게 되었다. 한겨울 새벽 감나무에 간신히 매달려 있는 홍시. 이미 표면에 묻어 있던 불그죽죽한 기운은 모두 증발되고 먹빛으로 가라앉아 있다. 푸른 기운이 설핏 묻어 있는 홍시의 흉터. 얼어버린 천지의 살갗과 동급으로 링크돼 있다.

 빙계氷階. 그걸 딛고 얼음 속으로 내려가 본다. 무당집 바로 옆에 있는 대숲에 이는 바람 같은, 생선 토막을 낼 때 사용하는 식칼의 표정 같은, 장작가마에서 진물로 녹아버린 유약의 최후 같은. 그 유리질 속에는 자잘한 금이 살고 있다. 빙렬氷裂, 크레바스 같다. 장작불보다 더 뜨거운 냉열冷熱, 얼음 속에 숱한 미로가 자글자글하게 가설돼 있다. 미궁의 수사를 가진 얼음, 얼음 속에 왜 틈이 아니라 금이 그어진 걸까. 저 선들은 어쩜 '손금'인지도 모른다. 평시 백두산은 시신처럼 양손을 가슴에 모으고 있다. 백두산의 숨구멍이 바로 손이란 말씀. 그 손에 하늘의 소식이 빗물로 모여들고. 하늘의 물, 그래서 천지. 이 손결은 때론 물결로 때론 빙판으로 변수變手한다.

 천지는 달빛과 별빛의 망명지. 번개의 섬광, 천둥의 성문聲紋이 동굴벽화처럼 들러붙는다. 저 천지의 균열은 혈관도 아니고 뼈도 근육도 아니다. 백두산은 공기주머니 같은 천지를 파동처럼 쏘아댄다. 주름살을 공중에 내거는 것과 다를 바가 없다. 가공할만한 추동력을 얻으려면 한겨울 제 손을 끔찍하게 동결시켜야 된다. 언 손이 봄바람에 녹을 때 생긴 그 온도차. 그걸 이용해 천지 얼음 속에 파종해뒀던 일렁이는 손금을 사방으로 봉숭아 씨앗처럼 튀겨내는 것이다.

빙장된 손금들은 해빙기를 틈타 산하 곳곳으로 흘러나간다. 맨 처음에는 천지의 물결이 된다. 그 출렁거림은 바람으로 익어가고 그 바람결은 백두산 관문 이도백하二道白河 원시림을 더욱 야물게 다져놓는다. 그 울렁거림이 원본이라면 우리 일상의 서성거림은 복사본이다. 절규가 된 이 나라의 별별 울음들도 천지 빙경에 모두 편입될 것이다.

계절, 그리고 세월이 품지 못할 신산스러운 바람이 내 살쩍을 흔들면 난 무심코 한민족의 고독을 제대로 분류할 줄 알 것 같은 천지쪽으로 잠시 고개를 돌려본다.

예술의 이면

작품은 추구하고 상품은 도모한다.

상품의 가격은 수요자가 매기지만, 작품은 공급자가 매긴다. 예술가는 자신이 곧 예술이기 때문에 작품을 떠나 그 어떤 주의도 주장도 하지 않는다. 진정한 거장급의 예술가는 누구를 위해 충성하지 않고 모두를 위해 죽는다.

예술이 예술가의 몸에서 떠나면 그는 권위주의적으로 추락한다. 그래서 누구를 위한 예술을 한다. 예술을 도모한다.

예술을 매개로 만난 스승과 제자는 서로를 절대로 수단으로 이용하지 않는다.

비디오아티스트 백남준은 상품과 작품의 경계를 없애버렸다. 진정한 예술은 천국을 포기하고 지옥을 선택한다.

사업과 예술은 한 몸이 아니지만 한 몸이어야만 한다. 본질에 충실한 예술가는 절대 사업가를 업신 여기지 않는다. 진짜 사업가도 진정한 예술이 무엇인가를 안다. 이제 세상은 작품이 아니라 상품으로 매개된다. 그래서 천수天壽를 누릴 가능성이 없다

　장사꾼은 물건을 팔지만 사업가는 꿈을 판다. 꿈이 들어간 상품은 작품급으로 어필된다. 예술가도 그렇다. 물건 같은 작품을 양산하는 자들이 있다. 스스로 작품을 팔러 다니는 이들도 있다. 다들 그렇게 해야 신자본주의에서 살아남을 수 있다고 본다. 과연 그럴까.

　예술가가 불안하다면 그 예술도 끝이다. 예술은 죽음을 전제로 삶을 보아야 하기 때문이다. 예술에 물욕·공명욕이 짙어지면 마음이 바빠지고 서두르게 된다. 그런 작품에 사람이 몰릴까? 자기 작품에 사설이 많으면 저급해진다.

　예술이란 일단 예술가한테 유리한 모든 걸 가장 불리한 조건으로 추락시켜 버린다. 최고의 무당을 만들기 위해 초인적 무병을 심어주는 것처럼. 초월적 기운을 내 편으로 만들려면 일단 세상의 낭떠러지에서 두서너 번은 떨어져 죽어야 된다. 진검 예술은 그렇듯 일상의 근육을 초월적 버전으로 편집한다. 흉내만 내는 예술은 무서리 맞은 11월의 푸성귀처럼 고사해버릴 것이다.

　숭고한 예술은 역사의 소유, 시장이 아니라 명예의 전당에 들어간다. 결코 거래의 대상이 될 수 없다. 예술이 완성에 가까울수록 가격을 경멸한다. 가격에서 시작한 예술이 어느 순간 정점을 찍을 때 지난 궤적에 발자국처럼 찍힌 자기 흉터 같은 가격을 감쪽같이 지워버

린다. 속俗에서 시작한 예술이 지극히 성스러워지는 순간이랄까.
 안타깝다. 이젠 전당에 들어갈 예술은 더 이상 없다. 현대예술의 재앙이자 축복 아닌가.

 갈수록 예술에 사족이 너무 많이 붙는 것 같다. 그 사족은 예술을 죽이는 비수다. 절정에 달한 작품은 작품 스스로 말을 한다. 그게 경지다. 그걸 잉태한 작가는 절대 자기 작품에 대해 말하지 않는다. 자기 예술에 사력을 다했다면 할 말도 필요없다. 그뿐이다. 안 팔린다고 불안해 하면 예술가가 아니다.
 예술은 아무나 못한다.

헤이 청바지!

저는 청바지입니다.

처음부터 제가 푸르게 태어난 줄 아는 데 아니예요. 처음엔 갈색이었죠. 피부도 지금과 달리 무척 거칠었답니다. 제 주인님은 1829년 독일 바바리아 지방에서 태어난 리바이 스트라우스. 미국 서부의 골드러시를 겨냥해 샌프란시스코로 건너온 분이죠. 군인용 텐트, 광부용 천막 등 두껍고 질긴 천만 재단하며 살아갔죠. 어느 날 기병대 숙소용 천막 독점거래 제의를 묵살 당하는 바람에 엄청난 양의 재고 천막을 떠안게 됐어요. 그런데 죽으란 법은 없었어요. 술집에 갔다가 한 광부가 하는 소릴 엿듣게 됐죠.

"호주머니에 샘플용 광석을 넣으면 며칠 안 돼 옷이 째지니 누가 바지를 질기게 만들었으면 좋겠는데……."

주인님은 순간 뇌리를 스치는 기막힌 아이디어를 떠올리죠. 남은 천막용 천으로 광부용 바지를 만들었죠. 사업은 대박이었어요. 기병대원, 광부, 심지어 목동까지 천막천 바지 웨이스트 오버롤스를 좋아

했죠. 천이 부족해 대용천으로 유럽에서 직조된 파랑천 데님이 수입되죠. 그때부터 갈색 바지 시대는 종언을 고합니다.

그래요, 원래 저는 육체노동자들의 작업복이었죠. 주인님은 1873년 리바이스(Levi's)란 이름을 갖고 출생신고를 합니다. 20세기로 접어들자 저는 세계적 스타들의 사랑을 한몸에 받죠. 제임스 딘은 양복을 멀리하고 늘 저만 예뻐했어요. 마릴린 먼로와 엘비스 프레슬리도 절 편애했죠. 심지어 엘비스(Elvis)는 제 이름의 글자 순서만 바꿔 작명했다고 하죠.

1960년대 청바지는 히피 문화와 함께 반항문화의 기수가 되고 한국으로 건너와선 통기타와 생맥주와 함께 청년문화의 상징물이 되었지요. 팝아트의 선두주자였던 앤디 워홀은 1971년 롤링 스톤스의 스티키 핑거스 앨범 재킷을 위해 청바지를 소재한 작품을 내놓았고요. 저도 비로소 예술품가 되었습니다요. 1977년 캘빈 클라인에 의해 디자이너 진 시대가 열려요. 제 혈족도 많은데 청바지 중의 Levi's 501은 현재 미국 워싱턴의 국립 스미스소니언박물관에 영구 콜렉션으로서 소장되어 있기도 하답니다.

2
봄꽃의 계보

Mr 블랙

2019년 4월 10일. 지구에서 5천500만 광년 떨어진 곳에 숨어 있던 블랙홀, 그가 신문을 통해 데뷔했다. 그 동안 잘도 피해 다녔는데, 인류 최초로 블랙홀 사진을 촬영하는 데 성공한 날, 나는 그날을 '우주 국치의 날'로 봤다.

인류는 포기를 몰랐다. 온갖 전자망원경을 동원해 그를 검문검색한 끝에 지리산 빨치산처럼 생포해 버렸다. 인류로선 쾌거, 하지만 우주로선 가장 쪽팔린 날이 돼버렸다. 블랙홀 사진. 한국의 마지막 호랑이가 포획돼 포수들과 함께 찍은 기념사진과 다를 바가 없었다. 나는 어쩜 그가 짝퉁 블랙홀일 거라고 생각했다. 인류에게 포획될 정도라면 그건 진짜 블랙홀이 아니라고 믿고 싶었다.

사진 속 블랙홀이 나를 바라본다. 철장에 갇힌 맹수의 눈빛 같다. 그를 잡기 위해 지구의 천체물리학자들은 흡광용 렌즈의 광선을 낚싯줄처럼 던져댔다. 그 광선은 빛이 서식하지 못하는 깊은 우주의 폐부를 자객처럼 파고들었다. 그 광선을 피해 다닌 블랙홀의 동선.

블랙홀. 어쩌면 우주의 한 쪽 눈망울인지도 모른다. 그의 눈 속에는 인류가 남긴 모든 그 모든 번뇌스러운 게 밀장돼 있다. 처분 곤란하고 분류조차 어려운 인류가 남긴 온갖 더러운 마음의 분비물을 한 톨도 버리지 않고 지금까지 꾸역꾸역 집어삼켰다. 그 무게로 인해 그는 우주도 감당할 수 없는 블랙홀이 되어버렸을 것이다.

얼음 속에서 방금 깨어난 맘모스 같은 그를 Mr 블랙이라고 부르기로 했다. 그보다 더 궁금한 게 있다. 그와 나 사이에 놓인 어처구니없는 거리였다. 그는 지구에서 5천500만 광년 떨어져 있다. 1광년은 빛이 1년 동안 가야하는 거리, 얼추 9조4천600억km. 그런데 그는 그 거리보다 무려 5천500만 배 떨어진 데 거주한다. 사진으로는 볼 수 있다지만 실제 갈 수는 없는 곳. 그래서 다소 위안이 된다.

만약 그 어떤 절망, 비극, 고통, 멸시, 저주, 치욕, 굴욕이 그대를 덮친다면? 그 비극스럽고 끔찍한 거리에 살고 있는 Mr 블랙을 상기해 보시길.

부적 같은 블랙홀이여. 정말 넌 있긴 있는 거니?

풍경은 천적이 없다

   풍경은 소유도 없고 참 깊다. 그래서 천적도 없다.
   간혹, 사람이 풍경이 되는 순간이 있다. 애틋한 사랑을 품거나 아름답게 술에 취하거나 노래를 부르거나 수평선·수직선을 대면하거나 첫눈을 읽거나 나무를 심거나 돌을 줍거나 노을을 읽거나 잠시 오수에 빠지거나 음악을 듣거나 맛있는 음식을 먹거나 누구를 칭찬하거나 봉사하거나 반성하거나 기도하거나 겸손하거나 깊은 오솔길을 걷거나…….

   나밖에 될 게 없는 지경인지도 모른다. 이런 묘한 기분에 닿으면 그가 누구든지 자연스럽고 조화롭다. 흔한 게 아니라 귀해 보인다. 모두 그걸 원하지만 그게 쉽지 않다는 것도 우린 너무 잘 안다. 그래서 타율적으로 특정 카리스마, 이를테면 스타 같은 것에 매달리기도 한다. 하지만 매달림을 당하는 사람인들 무불통지無不通知이겠는가. 어두운 밤을 걷기는 마찬가지.

잘 산다고 하지만 그건 결국 잘 죽는 과정. 이 삶의 구도 앞에서는 모든 게 허망해지지만 우리는 그래도 이를 잊고 개미처럼 열심히 산다. 이게 대세다.

인간은 사람 구실을 하기 위해 몸에 힘을 넣는다. 사회로 나오면 더 그렇다. 성공과 출세를 향한 출발선상에 서면 임종 때까지 참 나를 발견하기 힘들다. 바쁘기 때문일까. 대부분 타인의 시선 안에서 해가 뜨고 해가 진다. 특히 동양문화권은 남을 위해 살다간다고 해도 과언이 아니다. 옛 사람들은 '임종 직전, 자식도 없는 외딴 방 요 위에 누울 때 비로소 진짜 자기와 잠시 만날 수 있다'고 귀띔했다. 그래서 퇴계 이황은 혼자 있을 때 자기를 객관화시킨다. 이걸 유학에선 신독愼獨이라 했다.

우리는 자기와 잘 친해보지 못한다. 남은 참 익숙한데 자기는 너무 쑥스럽다. 요즘 진짜 자기를 찾으려는 이들이 많아졌다. 명상 붐 때문인지도 모른다. 그런데 가족과 사회와 멋지게 탱고 추듯 살 수 있게 하는 명상이라면 그건 정말 애국자라는 생각이다. 그런 명상만 있는 게 아니다. 자기로 돌아오지 못하고, 가족과 사회로부터 격리되고 명상이라면 그건 어쩜 또 하나의 망상인지도 모른다.

관계가 불편해지면 관계를 미워하고 나중엔 저주하게 된다. 관계와 상관없는 나. 그 나를 반려견처럼 몰고 무문관無門關에 임한다고 해서 달라질 게 뭔가. 해탈도 결국 일상의 다른 모습 아닐까.

부처는 "본질이 뭐냐?"는 질문에 "본질은 없고 모든 건 연기(관계망)로 연결돼 있다"고 말했다. 다시 말해 부처는 '12연기설緣起說'을 주장했다. 12연기설은 무명-행-식-명색-육처-촉-수-애-취-유-생-노사로 엮인 미혹한 세계의 인관관계를 의미한다. 이는 부처가 브라만교의 전통 위에서 자기만의 깨달음을 토대로 설파한 불교유식철학의 정수. 부처가 인류 최초로 제시한 네 가지 진리를 사법인四法印이라 한다. 이는 제행무상, 제법무아, 일체개고一切皆苦, 열반적정涅槃寂靜을 말한다. 삼라만상이 다 허망하고 우주에 영원불변의 실체와 본질이란 게 없고, 그러니 생에서 사, 사에서 다시 생으로 무한순환하는 윤회의 고리에서 벗어나 해탈을 하자는 게 불교의 핵심교리다.

   내가 산에 오던 무인도나 감옥으로 가던 그 나는 우주와 다 연결돼 있다. 도망갈 데가 딱히 없다. 입산 출가를 하면 출가한 그 곳이 세속이 되는 것이다. 잘 보면 도시가 자연보다 더 자연스러울 수가 있다. 나는 자연인이다 버전으로 사는 이가 더 건강에 더 집착하고 있다는 걸 알 수 있다. 누가 산더덕 좋고 산삼주가 좋다는 걸 모르는가. 그런데 자기는 공기 좋고 풍광 좋은 데서 이런 걸 먹고 있다는 걸 자랑이랍시고 으스대다가 마지막에 가족한테 미안하다고 눈물을 흘리는 광경이 영 마뜩찮다.
   입산한 거기서보면 사바세계가 더 신비해보이고 더 광휘스럽게 보일 수도 있는 것이다. 선경이 위선일 수도 있는 것이다.

봄꽃의 계보

여름·가을·겨울은 단편소설, 반면 봄은 대하소설 같다. 봄은 살금살금, 야금야금 완성된다. 지금 벚나무 가지만 보고 있는 사람에게는 봄이 더없이 멀다. 봄의 전모를 종합적으로 조망하려면 발품은 필수. 직장에 휴직계를 내고 1~3월 남도 꽃기행에 올인해야 된다.

10대 때는 마당에 핀 목련이 흰 깁을 풀고 진달래가 핑크빛 고함을 내지르면 봄인 줄 알았다. 한때는 진해군항제가 열리면 봄인 줄 알았다. 아니었다. 봄은 더 일찍 와 있었다. 봄의 스펙트럼은 상당히 넓다. 1월부터 시작돼 족히 5월까지 뻗친다. 1월의 봄은 기춘起春, 2월은 승춘承春, 3월은 전춘轉春, 4월은 결춘結春이다.

한겨울 같은 기춘은 산삼처럼 꽁꽁 숨어있어 찾기 어렵다. X파일에 감춰져 있기 때문이다. 11월 무서리가 내리면 모든 풀들이 다 시드는 줄 안다. 아니다. 보리밭, 파밭, 봄동, 포항초 등은 겨울에도 결코 시들지 않는다. 이들도 기춘 계열의 상록초다.

나무와 달리 야생초는 봄의 서론을 나무보다 더 빨리 적어낸다. 햇

볕이 풍부한 지대의 야생초는 비교적 쉽게 꽃을 피운다. 눈 속 복수초를 필두로 얼레지, 변산바람꽃, 개불알꽃, 히어리, 깽깽이풀 등은 이른 봄꽃의 리더. 이들과 함께 호흡하는 생강나무도 매화와 비슷한 호흡으로 산수유꽃 모양의 꽃을 내민다. 이때 버들강아지가 피고 수양버들 가지에도 수액이 홍건해진다. 이어 별꽃과 양지꽃이 자리를 잡고 그 사인을 받은 제비꽃이 더 큰 고함을 질러댄다. 그 꽃과 함께 쑥, 달래, 냉이, 씀바귀 등 들나물류가 향기를 피운다. 울릉도의 경우 복수초나물로 불리는 전호가 눈 속에서 푸른 잎을 낸다. 하지만 취나물, 참나물, 고사리 등은 결춘이라야 만날 수 있다. 한국 산채 1번지로 불리는 영양 일월산의 경우 4월이 되어야 산나물이 눈을 뜬다.

매화도 12, 1, 2, 3월매로 나뉜다. 수종만큼이나 그 계보 파악이 쉽지 않다. 중국에서 들어온 설중매의 하나인 납매臘梅는 음력 섣달에 핀다. 탐매가는 일명 당매唐梅로 불리는 납매를 주시한다. 음력 섣달에 노란꽃을 피운다. 꼭 개나리 같다. 보통 2월에 피는데 그가 만개해도 산하는 여전히 겨울.

제주의 만생종 유채꽃이 3월 20일쯤 개화하면 그제서야 전국 곳곳에서 동시다발적으로 봄꽃이 활화산처럼 기지개를 켠다. 제주도의 수선화·유채꽃 향기는 바람에 실려 북상. 그 향기가 해남 대둔사와 전남 진도 운림산방 근처를 비롯해 해남, 완도, 강진, 장흥, 고흥, 보성, 여수, 광양 등지로 파견된다. 꽃중에서 가장 빠르다. 그보다 조금 뒤에 봄날 4인방 순천 매화로 불리는 선암사, 금둔사, 송광사, 낙안읍성의 매화는 3월이어야 꽃을 피워낸다. 이젠 지역마다 명물 매화가 있다. 경남 산청에는 정당매, 남명매, 원정매가 '산청 삼매'로 불린다. 국내 대표급 늙은 고매古梅다. 매화 색은 크게 홍매, 백매, 청매, 흑매로 나뉜다. 전남 구례군 지리산 화엄사의 홍매화는 그 빛이 너무 검붉어 흑매화로 불린다. 매화도 메이저급이 있고 마이너급이 있다. 6월에 매실을 얻으려고 상업적으로 밀식한 섬진강변 매화는 그 급이 떨어진다.

동백은 가장 다양한 포스로 봄의 사계를 종횡무진한다. 11월부터 다음해 4월 하순까지 피어난다. 제주도 서귀포시 안덕면 상창리 카멜리아 힐은 대한민국 최고의 동백수목원이다. 80여 개국에서 수입된 500여 종 동백을 다 보여준다. 11월 15일 즈음에 동백꽃 축제를 벌인다. 거기는 사철 내내 동백꽃이 핀다. 4월 벚꽃? 이젠 그게 꼭 여름꽃 같다. 너무 흔해져버렸다. 벚꽃이 가면 칠곡 신동재에선 아까시꽃이 피고 진달래와 같은 이름인 참꽃이 비슬산 정상 대견사지에서 장관을 이룬다. 이 소식을 받은 청송 주왕산의 수달래도 여왕 같은 눈매를 하늘 향해 치켜뜬다. 이어 영주 소백산 철쭉이 경상도 봄날의 마지막을 장식한다. 철쭉이 피고 의성 작약이 개화를 하면 밤꽃이 피고, 그럼 산하는 여름으로 쓰러진다. 이참에 산림청 등이 주도적으로 전국 봄꽃 명소의 개화 장면을 실시간으로 생중계하는 앱을 개발했으면 싶다. 아무튼 봄은 당신에게 페이스북 친구 신청을 했고 봄은 지금 시속 40km로 북상 중이다.

FROM 2월

분노는 자기를 이기려 하는 데서 발생한다. 분노는 왜 자기 주인이 자기를 이기려 하는지를 모른다. 알 필요도 없다. 자기한테 지려는 자의 분노는 비애로 고인다. 이기려 해도 지려 해도 다 후유증을 남긴다.

2월이 되면 비로소 계절의 분노를 직감할 수 있다. 자연이 계절이란 대리인을 동원해 뭔가 이야기하려고 하는 것이다. 하지만 믿는 구석이 있어선 그 속을 들여다 볼 수 없다. 제도권에서 많이 밀려나 있을수록, 그의 내면이 지식으로 무장돼 있을수록 2월의 으르렁거림은 더 생생하게 다가선다.

봄과 겨울 사이 연골처럼 끼여 있는 2월. 굳이 없어도 될 것 같은데, 하지만 그게 없다면 봄의 아랫도리는 얼마나 시릴까. 봄의 치아를 보호해주는 잇몸 같은 것, 1월이면서 3월이기도 한 2월. 말하는 귀는 없고 오직 듣는 귀만 있다. 말하는 것보다 듣는 것. 그 안에 치명적 복수심 같은 게 깔려 있다. 말하는 슬픔보다 듣는 슬픔은 더 멀고 더 유현하고 깊다. 용서는 복수보다 더 섬뜩하다.

 복수가 어쩜 더 순진한 지도 모른다. 음흉한 용서, 이건 복수의 또 다른 변용이다. 어른이 되면 냉소가 뭔지 안다. 차가운 웃음. 본심을 숨기고 싶은 것, 그게 어른의 슬픔이고 그게 어른의 자격이다. 길을 가는 것이야 누구야 한다지만, 길과 길 사이, 그 행간을 걷는다는 건 인간에겐 너무나 무리수다.

 으스스하다. 추워서 그런 게 아니다. 추위가 풀려서 그런 것이다. 몰려드는 바람이 아니라 중심부에서 빠져나가려는 바람 때문이다. 몰려드는 건 감을 잡아도 빠져나가는 건 종잡을 수가 없다. 방향도 촉수도 없다. 사람도 마찬가지다. 몰림의 사랑, 흩어짐의 이혼, 한 마음에서 발원된 두 개의 상반된 힘. 그게 생명을 가능케 하는 두 극단 아닐까.

 겨울이 종잡을 수 있는 바람이라면 2월이 낸 바람은 도무지 감을 잡을 수가 없다. 화들짝 놀라 어디로 달아나는 짐승의 발길 같다. 그 난분분한 바람 때문에 풍경도 자기 전령을 전면으로 내세울 수가 없다. 이 즈음에는 무슨 도리도 수도 없다. 일을 벗어나야 하고 우정도 벗어나야 하고 광장을 벗어나야 하고 도심을 벗어나야 한다. 그렇다고 너무 먼 이역만리는 아니어도 좋다. 그런 어리숙한 변두리의 샛골목은 2월 때문에 더 낭인스럽다. 하지만 낭패스러운 건 아니다. 그래, 왜관역 지척에 있는 신동, 혹은 지천역. 거기서 얼마 떨어지지 않은 신동재 근처 허름한 농로가 곁에 있는 슬레이트집 부근도 괜찮다.

대낮에도 몽둥이로 개를 때려잡는 소리도 왈칵왈칵 들려오고, 그 곁에서 고독한 남정네들이 보신탕을 먹으며 화투도 치고, 들짐승들만 알고 있는 외딴 수로가 있고, 면사무소 지적계도 포착하지 못한 이끼 가득한 대숲이 서식하고 있는 바람이 조금 우당탕거리면 감나무 가지에 까마귀처럼 걸려 까악 까악거리는 검정비닐봉지들, 방치된 수도 꼭지에서 새어나오는 중음신中陰神의 신음소리. 그런 집에는 말기암 환자이거나, 혹은 무명작가의 파리한 손가락이 살 것이고, 그 작가가 담배연기처럼 피워 올린 재즈가 종일 면도날처럼 흘러나오고, 그 재즈가 매일 원고지에 몇 자 올려놓아도 바람조차 관심을 갖지 않는, 답답한 것도 그렇다고 무심한 것도 아닌, 마냥 어정쩡한 창작의 열기가 살얼음처럼 깔린 외딴집, 그 집의 비뚤한 담 모퉁이를 먹잇감처럼 갉아먹는 2월의 바람. 설치류의 이빨 같은.

 인적과 인연이 먼 골목 후미진 어둑한 방. 아무도 눈치 채지 못한다. 옆집의 곡절을 궁금해 하지도, 궁금해 해서도 안 되는 골목. 그건 2월이 있어 올곧게 자리를 잡을 수 있다. 너의 슬픔이 내 슬픔 곁으로 먼저 약손처럼 돌아 와주길 바라는 사람들, 하지만 2월의 골목은 그런 슬픔은 절대 기다려선 안 된다고 충고한다.
 그 골목에선 절망도 실패도 모두 어울리지 않는다. 내가 나여야 하는 이유를 찾을 필요가 없기 때문이다. 너가 미운 게 아니라 결국은 내가 더 미운, 아니 내가 나를 단 한 번도 따스하게 품어주지 못한, 그 한숨 때문에 이 골목 모서리 이끼들은 되레 푸릇하게 연명해갈

수 있는 것이다.

또 2월의 각진, 아니 주름진 골목. 망자의 뒷덜미 같다. 믿는 구석이 있는 자는 이 골목의 어둑한 미학을 포착해낼 수가 없다. 그 골목엔 사람이 오히려 공기보다 더 가볍다. 허우대 멀쩡한 사내가 골목 어귀 구멍가게 앞 의자에 앉아 종일 소주를 마신다. 그에게는 거래도 가격도 계좌도 없다. 2월생이기 때문이다.

출근이 사라진, 귀가조차 증발해버린 사내의 대륙, 깡소주가 그 대륙의 중심축이 된다. 몽글거리고 아련하기만 한 소줏병의 좌르르한 촉수. 그 놈이 피 속으로 걸어 들어가면 몸은 비로소 아지랑이처럼 스멀거리며 일어선다. 3월은 고맙다고 그 사내를 향해 절을 한다.

한 사내가 하늘을 올려다보며 쌍욕을 해댄다. 소주 한 잔에 욕 두 잔, 시큼한 입 냄새는 도둑고양이가 낚아채가고 불콰해진 눈시울은 동백꽃의 몫이다. 이른 아침부터 쏟아지는 욕은 귀하다. 이 계절엔 비료 구실을 한다. 마른 가지에 젖니처럼 매달린 움의 기세는 이들 욕 덕분에 더 파릇하고 카랑카랑해진다.

담장은 봄꽃망울로 조금씩 울먹거리고 그럴수록 더욱 어둑해져만 가는 사내의 비틀거림. 이건 동면에서 깨어난 계절이 저 사내의 억장을 불러 내 맨손체조를 하는 광경이다. 그 사내의 문제가 아니라 자연의 문제인 것이다.

2월은 주눅 든 것들의 손금을 다시 다림질해준다. 인간의 고통이란 게 실은 쾌락보다 더 고매한 구석이 있다는 걸 2월은 머지않아 다가설 화려함의 극치를 보여주는 별별 꽃들의 군무를 통해 일깨워준다.

2월이 원전原典인 모든 새싹들은 희한하게 상처를 감싸주는 깁스 같은 표정을 짓고 있다. 그러면서도 총알을 닮았다. 선과 악, 이 둘을 꼼짝 못하게 붙들고 있는 2월의 내공 아래 밑줄을 긋는다. 헤죽거리는 인간 군상밖에 없다면 굳이 매화가 고혹하게 얼굴을 내밀 이유가 있을까. 또 다른 차원의 불행을 찾아 더 깊은 불행을 러브콜 하는 2월이란 그대에게 기립박수를 보내고 싶다.

화경花經

꽃도 하나의 경전經典. 꽃이 잎을 불러온다. 그 잎이 열매와 낙엽을 남기는 과정이 참으로 사유적이다. 꽃을 화경花經이라 가만히 불러본다.

동면 끝난 낯들이 제 정수리를 조금씩 보여주고. 하여, 1월 1일쯤 제주도 한림공원을 탈출한 수선화 향기가 카페리호가 가는 속도로 남해 향일암 동백꽃 속으로 들어간다. 대한민국 화경 1막이 개막된다. 구례시 산동면 계척마을 화엄산 1천년 먹은 할매 산수유도 노랗게 울먹이고 있다.

1964년 브리티시 록의 구루(Guru)로 등극한 비틀스가 미국 팝뮤직의 대부 밥 딜런에게 전자기타를 안겨주고, 대신 밥 딜런은 존 레넌에게 마리화나를 가르쳐줬다. 그 흐름이 보헤미안 포크싱어 한대수에게도 흘러 들어간다. 첫 딸 양호를 키우는데 등이 휘고 있는 한대수, 그의 아내 옥산나는 알코올 의존증에 걸려있고, 벌어놓은 돈은 없고, 그렇지만 그의 기타도 낯 같고 그 웃음은 꽃 같다.

우주와 구도자 사이 유일한 장애물은 자연. 그 속내를 들여다보는 지성이란 것도 실은 중국 노나라의 천한 아녀자인 천부가 캄캄한 방에서 나라 일을 걱정하는 칠실지우漆室之憂 같은 거겠지.

언제부터 봄일까.

선비에겐 두 종류의 초봄 의식이 있었다. 음력 3월 3일 삼짇날 맞아 푸른 들녘 산책하며 양기를 받는 답청畓靑, 고향 뒷산 계곡에서 목욕재계하는 욕기浴沂. 작고한 향토시인 최석하가 '희귀식물'로 불렀던 수필가 엄지호는 도청에서 정년퇴직 때까지 도청 벚나무 개화 일시를 자기 수첩에 적어놓으면서 가는 봄날을 아쉬워했다. 봄꽃 나그네는 1~3월 남녘을 순례하며 풀코스 춘화정식春花定食을 눈으로 먹는다.

입춘. 아직 겨울인데 봄이라? 계절의 역설일까. 명목계절과 실질계절은 그렇게 늘 한 템포 차이가 난다. 자전과 공전의 서로 다른 기울기처럼. 절망인 것 같은데 그 속에 희망이 중첩돼 있다는 것. 그게 삶의 묘리 같다.

선비들의 영춘례迎春禮는 남달랐다. 퇴계 이황은 입춘 직후부터 조석으로 매화분에 눈길을 준다. 설중매만의 암향을 친견하기 위해서다. 퇴계는 애기 두향이가 선물한 것으로 알려진 매화를 도반으로 여겨 '매형梅兄'이라 불렀다. 임종 직전에도 매형한테 물주는 걸 잊지말라고 당부했다.

다산 정약용도 한 풍류를 일궈냈다. 그는 죽란시사竹欄詩社란 풍류계를 애지중지했다. 14명이 계원이었는데 모이는 날짜도 굳이 정하지 않았다. 그냥 매화꽃 피는 날 정도로 초봄 미팅 날짜를 운치있게 정했다.

쇠꼬쟁이 같은 나뭇가지에 고이 장전된 꽃망울. 그 꽃망울 뒤에 움이 차례를 기다리며 대기 중이다. 꽃이 지면 잎이 돋아날 것이다. 잎은 염치가 있다. 절대 꽃의 길을 짓밟지 않는다. 잎이 꽃을 짓밟으면 열매도 없다. 열매가 없으면 나무도 존재할 수 없다. 나무란 뭔가? 잎·꽃·열매가 입법·사법·행정처럼 삼권분립된 것이다.

무표정한 저 겨울나무, 겨울 동안 침묵을 지키다가 입춘을 기점으로 봄에 대권을 이양한다. 겨울에서 봄으로의 권력이양은 계절미학의 백미인 것 같다. 겨울은 왜 겨울 지상주의만을 고수하지 않을까. 난 그게 늘 궁금했다. 아직 만족할 만한 답은 알지 못하지만 대충 이런 생각을 해봤다. 자연의 이법, 그건 어떤 에너지를 절대 독점하지 않고 공유하고 배려하는 것. 봄·여름·가을·겨울은 결코 계절을 독점하지 않는다. 그래서 계절은 비로소 자연이 될 수 있었던 것 같다.

죽었던 가지에 생명이 돋아난다는 건 참 잔인한 일이다. 봄의 이미지를 가장 강렬하게 표현한 두 시인이 있다. 고월 이장희와 T. S. 엘리엇이다. 고월은 자신의 대표시「봄은 고양이로다」에서 봄을 고양이로 보았다. 노벨문학상을 받은 엘리엇은 1922년 장시「황무지」에서 4월의 봄을 '잔인하다'고 묘사했다. 그 시를 한국에서 처음 번역

한 사람은 김종길 시인. 그가 1947년 고려대 영문과에 편입한 직후였다.

 봄꽃. 나는 그게 느낌표인지, 물음표인지 아직 분간이 안간다. 살아갈수록 느낌표는 아닌 것 같다. 자연이 인간에게 던지는 질문 같은 것. 봄꽃을 본다는 일은 참으로 아득하고 섬뜩한 일이다. 결코 아름답지 않다. 꽃은 분명 하나의 진실이지 진리가 아닌 탓이다. 자기 삶의 계절은 늘 겨울뿐이라고 자탄하는 이들이 기하급수적으로 늘고 있다. 누구의 삶에도 봄이 없기야 하겠는가. 있는 데도 없다면서 서둘러 봄꽃을 포기하고 삶을 접는 이들. 봄꽃은 그들에게 뭐라고 할까. 탄핵의 겨울에 피어오른 저 촛불과 태극기. 서로 저주하지만 실은 같은 봄꽃 아닌가.

하중추夏中秋

한밤중이었다. 바람결의 감촉이 달랐다. 수은 한 방울이 뺨에 떨어진 것 같았다. 북극성 같은 자태로 창문을 넘어온 귀뚜라미 소리였다. 구양수의 「추성부秋聲賦」를 인터넷을 통해 읽어보았다. 구양수는 중국 당송팔대가 중 한 명. 「적벽가」를 지은 소동파의 스승이다.

글은 이렇게 흘러간다.

밤에 책을 읽고 있는데 서남쪽에서 울려오는 소리가 들렸다. 오싹 두려운 생각이 나서 귀를 기울여 들으면서 독백했다. 이상하다. 처음에는 비 오는 소리가 나는 듯 하더니 바람이 쓸쓸하게 부는 소리로 변하고, 또 갑자기 기세좋게 흐르던 물이 바위에 부딪치는 소리가 나는가 하면, 큰 파도가 밤에 급히 일어나 비바람이 갑자기 몰아치는 듯 하였다. 데리고 있는 동자에게 밖에 누가 왔는지 잠시 나가보라고 했다.

동자가 대답하길 "별과 달은 희고 빛나면서 맑고 은하수는 뚜렷한데 비도 오지 않고 사방에 사람 소리도 안 들리고 인마人馬의 그림자도 보이지 않습니다. 그 소리는 나뭇가지 사이에서 울려오는 것 같습니다."라고 하였다.

여름 속 가을을 포착해내는 구양수의 문학적 상상력은 연암 박지원의 『열하일기』 중 「일야구도하기—夜九渡河記」와 오버랩된다. '밤에 건너는 험한 강물은 보이지 않아서 무난히 건널 수 있지만 낮이 되면 그 흉포한 강물이 보이기에 지레 겁을 먹고 제대로 건널 수 없다'란 구절이다.

연암은 강물의 생리를 너무나 심미·수사적으로 형상화해 놓았다. 연암은 문체운동가였다. 그는 청나라 양명학의 기운을 섭렵하면서 실학을 파종했다. 사변적인 사대부의 문체는 여름이었다. 연암은 여름 속 귀뚜라미 같았다. 많은 선비가 그의 문체를 탐냈다. 정조는 노발대발했다. 정조는 연암의 육감적인 글을 패관소설 같은 잡문으로 규정한다. 당송팔대가 등 선비투의 글을 모범적으로 제시한다. 이게 바로 정조의 '문체반정文體反正'이다. 연암은 거부한다. 때문에 출세의 길도 막혀버린다.

다시 11세기 어느 오뉴월 한밤중 구양수의 사랑채, 삽상한 바람이 인다. 누마루 위를 서성거리는 달빛 머금은 교교한 소나무 그림자. 이들에 이끌려 잠을 물리친 구양수는 가을의 기운을 감지한 뒤 좌정해 「추성부」를 짓는다.

비범한 자는 징조와 기미를 빨리 알아차린다. 일월성풍日月星風의

움직임까지도 예의주시한다. 자연의 원리가 세상사와 동질이다고 본 것이다. 천문에서 인문의 묘리를 함양한 것이다. 계절은 등기부등본이 없다. 소유권도 없다. 봄 속 겨울과 여름처럼 하나의 계절 속에 이웃한 두 계절이 일정 기간 동거한다.

 자연에도 실업, 부당해고, 비정규직이 있을까. 가령 가을이 여름더러 '내일부터 당장 방 빼!'라고 눈을 부라린다면, 발끈한 여름이 굳이 곡식 여물게 불볕더위를 뿜어낼까. 여름 더위는 가을의 존재이유다. 그걸 아는 가을은 자애롭게 여름 곁으로 다가선다. 아니, 여름이 먼저 오는 가을을 극진히 챙긴다. 그 전령사가 바로 귀뚜라미다.
 이 염천하, 우린 에어컨족으로 버텼다. 집, 승용차, 직장, 식당, 술집마다 에어컨 실외기를 방진 마스크처럼 착용하고 있다. 폭염은 계절의 뇌관이다. 이게 없으면 결실이 없다. 폭염은 여름의 자존심. 더위도 하나의 필수영양소다.

가을사용법

또 가을이다. 매년 같은 패턴이지만 느낌은 매번 다르다. 가을은 사계절 중 반사각이 가장 정교하다. 완벽한 거울이다. 인간은 그 거울 앞에서 자기 트라우마의 깊이만큼 보복당한다.

트라우마란 고질병, 결국 인류의 호작질로 증폭된다. 앞선 호작질은 뒤이은 호작질에 의해 더욱 배양된다. 호작질은 스스로를 합리화하고 교활해진다. 나중에 이념이란 탈을 쓰게 되면 학살과 테러까지 정당화해버린다. 호작질은 호작질을 지울 수 없다. 요즘 TV인문학은 그 호작질을 재밌게 포장해 잘 팔아먹고 있다. 숙주인 인간의 욕심과 욕망, 그게 공멸해야 호작질도 비로소 제자리로 갈 수 있을까.

하늘이란 놈이 넓이가 아니라 하나의 날로 다가서는 계절이 가을이다. 참 맑고 깊은 그의 눈초리, 저놈 앞에선 예술까지도 무력해진다. 저렇게 대책 없이 시퍼런 수직이 또 있을까. 더없이 투명한 하늘, 자기 심연을 모르는 자에겐 섬뜩한 흉기나 다름없다.

가을이면 달달한 노래가 너무 난무한다. 우수와 고독, 왠지 상투적이고 통속적이고 그래서 궁합이 안 맞다. 「가을편지」와 「고엽」 등이 빈발하지만 그건 너무 멜로틱해서 싫다. 가을과 감미로움. 별로 매칭이 안 된다.

이 가을, 약처럼 복용해도 좋을 음악 두 곡을 추천해본다. 한영애가 부른 「가을 시선」, 그리고 100세 같은 84세의 노구, 세상에서 가장 무심한 음성을 안개처럼 뿜어내는 미국 컨트리뮤직의 대명사 중 한 명인 윌리 넬슨의 명곡 「Always on my mind」.

'이제는 모두 돌아가 제자리에 앉는다. (……) 모든 것 이해하며 감싸 안아주는 투명한 가을날 오후'.

한영애의 보이스톤, 심우주로 등속도운동하는 우주선의 궤적 같다. 이 계절 그녀의 목소리는 일품이다. 낭독하듯 노래하는 무심, 담담한 김민기의 중후하고 둔중한 음색, 사형선고를 받은 죄수의 눈매 같은 조동진의 비장한 우수의 냄새도 가을과 잘 포개지기는 한다. 장사익은 너무 한스럽다. 다들 1% 모자란다. 윌리 넬슨의 목소리를 등장시켜 본다. 갑자기 예의 세 가수 목소리가 빈약해지는 것 같다. 블루스 뮤지션 에릭 클랩튼의 어질고 자애로운 음색보다 한 수 위의 평정심이 엿보인다. 이건 순전히 내 주관적인 독법이다.

담금질이 완벽하게 끝난 장인의 칼날. 가을은 그 위에 인간의 마음을 올려놓는다. 날에서 깊이를 건질 건가, 아니면 넓이를 건질 건가. 날을 응시하면 깊이와 넓이가 모두 사라질 것이다. 그런데 가을이라는 날은 그 어떤 깊이보다 깊고 그 어떤 넓이보다 더 넓다. 우리가 하늘을 보려고 하지만 실제 보는 건 하늘이 아니라 자기다. 나는 나 이상, 나 이하를 볼 수 없다. 이 가을, 나를 움직이게 하는 그 나, 정말 나는 어디 있지.

불교 유식학唯識學의 한 지평을 보여주는 『능엄경』의 서두를 보면 부처와 제자 아난다가 마음의 소재를 놓고 벌이는 대화가 나온다. '마음은 안에도 밖에도 없다'는 게 주 내용인데 아직도 무슨 뜻인지 모르겠다.

청정한 하늘을 배경으로 낙엽이 피고 있다. 왜 지지 않고 피는 걸까? 낙엽도 꽃이니까. 이승과 저승에 걸린 또 다른 부활의 시그널이기 때문이다. 저마다 가을 앞에서 자기를 싹 틔워보려고 바둥거린다. 너머를 동경하지만 우리 삶이란 늘 자기란 현실한테 감금될 수밖에. 누군 한 경지를 운운한다. 그 경지라는 게 곧 내 한계겠지. 가을 왈, 한계도 너머도 논하지 말라! 되레 장터 아줌마, 아니 새벽 조업 중인 어부의 손, 그 앞에서는 오히려 세월이 머리를 숙일 것 같다. 먹고 산다는 것의 숭고함 때문일까.

설악부雪嶽賦

　오직 강풍만 허락한다는 2018년 가을 설악산 대청봉. 그 바람의 강세는 조스의 아가리 같았다. 평소 산은 무리해서 올라갈 대상이 아니라는 게 내 지론이다. 세상에서 가장 오르기 힘든 산은 바로 나 자신이라고 생각했다. 그런 나를 평소 탐탁치 않게 생각하던 산악인 장용호. 그가 대뜸 "이 기자도 내년 예순이니 일단 설악산부터 독파하자"고 권유했다.

　설악대첩이 있는 날, 그는 아침 일찍 내 집으로 찾아왔다. 등산 장비를 일일이 체크했다. 며칠 전부터 "방한용 오리털파카를 꼭 챙겨라."고 명령에 가까운 당부를 했다. 현장에 와보니 결코 기우가 아니었다. 해발 1708m 산꼭대기에서 부는 초속 20m. 평지에서보다 더 강력했다. 중심을 잃어 두 번이나 바람의 먹이가 될 뻔 했다. 나는 시종 대청봉 표지석을 꼭 붙잡고 버텼다. 편한 등산복차림이었다면 낭패를 당할 수도 있었다. 인증샷만 찍고 서둘러 중청대피소로 내려갔다.

설악산. 중국 장자제·황산의 비경과 닮은 듯 하면서도 달랐다. 중국의 암릉이 해금이라면 설악산은 작은 덩치에도 불구하고 아쟁의 풍모다. 중국 산악이 문인화라면 설악산은 진경산수화였다. 중국의 능선이 전설의 구름을 타고 다니는 신선 같다면 설악산은 선비급 도인 같았다. 거기에 비해 유럽 알프스는 너무 동화 같고 미국의 요세미티 공원은 그냥 거인 같았다.

오전 3시 빗소리를 들으면서 오색약수 근처 민박집에서 일어났다. 라면으로 대충 요기를 했다. 얼마만에 먹는 새벽라면인가. 서둘러 주먹밥을 챙겨넣고 우중산행을 시작했다. 헤드랜턴을 머리에 장착했다. 무슨 침투조 간첩 같았다. 안개비로 뒤덮인 등산로를 불빛만 보고 묵주처럼 걸어갔다. 상당히 가파른 길이었지만 나는 평지를 걷는 것 같았다. 신경은 온통 랜턴이 안내하는 그 불빛에 고정됐다. 다른 잡념은 틈입불가. 어둠 그 자체가 수호천사였다.

동녘이 밝아왔고 비도 그쳤다. 비로소 난 사위의 지형을 한눈에 볼 수 있었다. 그때부터 무릎 통증이 본격화됐다. 아무튼 나는 무릎 통증을 품은 채 외설악과 내설악을 남북으로 가르는 설악의 심장부 공룡능선을 독해할 수 있었다. 오색약수 등산로에서 대청봉, 다시 봉정암을 찍고 백담사 계곡까지 장장 20㎞를 내리 14시간 무릎 연골이 파열되도록 걸었다. 중간에 진통제를 먹었다. 그래도 안돼 무릎보호 압박붕대까지 장전했다. 자지도 못하고 막바로 5시간 이상 걸려 대구로 차를 몰고 왔다. 나는 내가 미쳤다고 여겼다.

그는 그냥 웃기만 했다. 그가 내게 이런 의미심장한 말을 건넸다. "산에 대해 조금 아는 사람 같으면 좀 기겁했을 터인데 이 기자는 이 산에 대해 백지상태라서 오히려 그 긴 거리를 돌파할 수 있었을 겁니다."

설악대첩에서 내가 설 자리는 없었다. 나란 존재는 하나의 환상 같았다. 본질은 없다는 것. 단 하나의 본질로 나타나는 게 아니란 사실, 그게 맞다면 모든 사물은 하나로 연결된 것. 그럼 나는 너, 너는 우리, 그리고 그 우리가 다시 나와 연결된 게 아닐까. 그렇다면 그 우주적 연결고리 그 자체가 바로 '나'란 생각이 들었다. 그럼 나라고 주장할 건더기가 그 어디에도 없을 것 같았다. 설악산 하나조차 이렇게 변화무쌍하고 예측불허인데……. 확신할 그 무엇이 어디 있겠는가.

동면사 冬眠辭

 추위! 참 매력적으로 처세한다. 죽여야 될 건 확실히 죽인다. 죽여서 안 된다 싶은 건 동면冬眠같은 수단을 통해 다음 봄을 기약토록 한다. 어떤 수종한테는 더 빛나는 계절이다. 겨울에만 유독 녹광綠光이 두꺼워지는 대나무, 동백나무, 겨우살이를 보라.
 겨울! 여느 식물에게는 실로 가혹한 계절. 하지만 가혹이란 것도 하나의 전략이다. 생명을 생명답게 담금질시키는 것이다. 통증, 이것 역시 하나의 겨울이다. 통증이 절정에 달하면 신경망이 잠시 퓨즈를 끊는다. 덕분에 생명은 기절이란 방식으로 잠시 중립코너로 피할 수 있다. 지금 식물은 다들 중립을 선언한 상태.
 남해 비금도와 포항의 시금치는 하절기엔 전혀 존재감이 없다. 겨울에만 '섬초'와 '포항초'로 반짝한다. 과메기벨트 최남단 호미곶 해안 언덕에 깃을 튼 포항초. 봄 도다리쑥국을 위해 이 겨울 남해 먼 바다 해저에 누워 있는 도다리처럼 최대한 땅 위에 잎을 드리우고 있다.
 겨울에도 상록수만의 영토를 허락한 건 누구의 권능일까? 중위도

권 인간에게 추위는 웅크림의 가치를 안겨준다. 배려와 용서의 시각이다. 원래 하나였다가 잠시 떨어진 걸 하나로 묶어준다. 구세군의 냄비, 제야의 종, 자선봉사, 익명의 기부 등도 그런 부류다.

러시아 영토의 77%를 차지하는 시베리아, 그 영구 동토층 위에 들어선 사하공화국의 주도인 야쿠츠크. 거기서 북으로 900여㎞ 더 가면 세계에서 가장 추운 오이먀콘 마을이 나온다. 1926년 영하 71.2℃를 기록했다. 입김조차 순식간에 눈발로 변해버린다. 그 치명적 혹한 속 자작나무 수액. 잎을 다 버리고 뿌리로 휴가를 떠났다. 외형적으로는 죽은 것 같지만 실은 가장 많은 꿈을 꿀 수 있는 시기이다.

일제강점기 민족지사도 그러했으리라. 그들의 번뇌는 지극히 북방적이었다. 오로라 가득한 북구北歐의 사색과는 차이가 있다. 북방 정서에는 낭인한테서만 느껴지는 웅건한 서글픔이 묻어 있다. 일상의 슬픔과는 다른 정조. '오오 견디란다/차고 올연히 슬픔도 꿈도 없이/장수산 속 겨울 한밤내—'. 1939년 《문장》지에 발표한 정지용의 「장수산 1」의 한 구절에도 그런 비애가 흐른다. 이 정서는 백석의 「나와 나타샤와 흰 당나귀」에 닿고, 미당 서정주의 처녀시집 『화사집』에서 발화된다.

두툼한 솜이불 속, 할머니 약손과 함께 듣는 설한풍 머금은 부엉이 소리, 청동빛으로 꽝꽝 얼어가는 홍시, 싸르락~ 봉창 훑고 지나가는 눈발들. 우리 민초의 겨울밤 기조는 대충 그런 톤이었다.

김종길의 「성탄제」, 그 시절 아버지의 '엄동설한 사용법'을 잘 보여준다. 어린 날 시인은 독감에 걸려 고열로 신음 중이다. 보다 못한 아버지가 설산을 다 뒤져 해열 효과가 좋다는 산수유 열매를 구해온다. 하지만 아이는 쾌차해도 동상 걸린 아버지 손과 발의 안부를 알 리 없다. 훗날 시인은 "서러운 서른 살의 어느 날이었다. 내 이마에 불현듯 고인이 된 아버지의 서느런 옷자락을 느끼는 것은 산수유 붉은 알들이 아직도 내 혈액 속에 녹아 흐르는 까닭"이라면서 뒤늦게 그리운 부정父情을 절감한다.

이제 산수유 열매를 따는 부모는 없다. 다들 병원으로 데려간다. 모든 걸 직접 만들어 사용해야만 했던 그때와 돈이 모든 걸 만들어주는 이 시절의 자식사랑은 그 질감이 사뭇 다를 수밖에. 그때 자식은 제 부모를 혈관 속에서 발견했지만 이제는 입에서만 발견하는 건 아닌지……

현재 세계 최고 부자인 아마존 베조스 회장 재산은 127조원. 서울역 앞 노숙인의 전 재산은 딱 몸뚱아리뿐. 이건 과연 경악인가, 경탄인가. 마음의 추위는 보일러로도 해결이 안 된다. 그래서 다들 가족이란 이름의 이불을 더 진하게 당겨보는 소한 즈음인지도.

황토빛 고독

　미국 워싱턴 자연사박물관 3층. 그 초입에 얼마 전까지 코리아갤러리가 있다.
　큐레이터가 구입한 미술 작품은 조남용의 십장생도, 그리고 제주도의 화가로 불리는 변시지의 「난무」와 「이대로 가는 길」이다. 박수근도 김환기도 이중섭도 백남준도 이우환도 박서보도 아니다. 왜 하필 변시지였을까. 황토의 숨결 때문이었다. 그 그림에는 아무런 수식이 없다. 자기와 그림밖에 없었다. 그 그림이 황색으로 변복한 천지天池로 보였다. 절망도 아니고 비애도 아니고 고뇌도 아니고 아득한 것도 아닌, 막장에 든 예술의 말로 같았다.
　자신은 비극으로 몰아넣고 다른 사람을 천국으로 몰고 가게 하는 신령스러운 힘. 변시지는 한때 동양화의 모든 방법론을 다 체득했다. 어느 날 그는 기존 화법에 갇혀 있다고 믿었다. 타인의 인정은 중요하지 않았다. 그는 그를 넘어서고 싶었다. 그게 그의 존재이유였다. 어떤 재능으로 부와 명예를 얻는 상태를 용납할 수 없었다. 지나온 화풍을 모두 지워버려야만 했다. 동양도 서양도 모두 죽이고 싶었다. 어떤 기준과 원칙도 거부했다. 그냥 변시지다움을 발견하고 싶었다. 변시지 버전의 고독이었다.

변시지 이전 제주도의 고독은 추사 김정희의 몫이었다. 나는 워싱턴에 갔을 때 전시 중이었던 변시지의 그림에 매료되어 버렸다. 황달 걸린 듯한 누리끼리한 그림. 말라버린 겨울녘 옥수수 이파리의 잔영이 얼비쳤다. 해동 최고의 필체로 알려진 추사체. 그것의 발효균 역할을 한 건 앙칼진 제주도 바람이었다.

변시지 그림도 역시 그랬다. 그는 제주도 바람의 척추 속으로 걸어 들어갔다. 발광하고 자지러지는 듯한 제주의 바람, 그리고 비쩍 말라버린 말 한 마리, 그리고 외길이 몽당붓처럼 나자빠져 있다.

그림이 화가를 압도해도, 화가가 그림을 압도해도 비극이다.

3
처사가 그리운 세월

느림의 미학

21세기는 광속의 세기, 단연 빠름은 우상. 빠름, 그것도 경쟁의 산물. 무한경쟁 속 승자는 없다.

산업혁명 직후 빠름주의는 더욱 가속화되고, 일군의 사람들은 빠름주의의 야수성에 제동을 걸기 시작했다.

유토피아·무정부주의는 1960년대 반전·히피운동으로 옮겨오고, 급기야 제국주의적 욕망을 가진 자본주의에 저항하는 그린피스(Greenpeace), 에코리즘(Echolism), 제3의 길, 대안문화 등까지 가세한다. 이런 흐름 속에서 느림의 미학은 점차 제자리를 찾아가기 시작한다.

달라이라마의 『용서』, 법정 스님의 『무소유』 등등 느림문화는 숱한 스펙트럼을 갖게 된다.

느림은 분명 성찰의 힘, 양보다 질을 중시한다. 이해보다는 이치, 이기보다 이타주의를 겨냥한다. 느림의 문으로 들어가면 방치해둔

실존을 만나게 된다. 제 실존을 돌보는 시간이 길어질수록 자신이 진정 무엇을 하고 싶어 하는지 알게 된다.

느림은 사족을 달지 않는다. 느림은 도피와 은둔이 아니다. 나만 챙기는 빠름이 아니라 용서와 배려의 덕목을 설정해주는 지혜의 파워, 그게 느림의 파워이다.

프랑스 철학자 파스칼은 빠름에 중독된 현대인들에겐 느림의 묘리를 한 수 가르쳐준다.

"인간의 모든 불행은 단 한 가지, 고요한 방에 들어앉아 휴식할 줄 모른다는 데서 비롯한다."

세월의 소리

시간이 현미경이라면 세월은 망원경. 시간이 입이라면 세월은 귀. 시간은 일견 무소의 뿔 같기도 하고, 재봉틀의 바늘처럼 걸어간다. 시간은 번들거리지만 시간은 영롱하다. 시간은 사물을 뾰족하게 만들고 상처를 내기를 좋아한다.

시간의 낚시대에는 바늘, 세월의 낚시대에는 바람이 달려있다. 시간은 보복하지만 세월은 용서할 것이고, 시간은 앞에서 끌고 가지만 세월은 뒤에서 끌고 간다. 시간은 주장하지만 세월은 고백한다. 그렇듯, 쩌렁쩌렁하고 빳빳한 햇살이 석양의 기세로 눕는 시절이 갑자기 찾아올 것이다.

시간이 저지른 허물과 잘못, 그게 후회와 반성의 길로 들어서려고 할 때 비로소 세월이 구원투수처럼 등장한다. 시간과 세월 사이에 삶이 아슬아슬 걸려있다. 누구나 시간의 문으로 들어와 세월의 문을 통해 저승으로 간다. 시간의 틀 속에 갇혀 있다보면 남보다 내가 더 그럴 듯 보인다. 그렇지만 세월은 사람을 이타적으로 빚는다.

어느 날 제 자식이 낳은 자식을 품에 안아본다. 손자이다. 자식 앞에선 금강역사의 눈망울 같던 아버지와 어머니, 할아버지와 할머니가 되는 순간 미소 만면한 하회 양반탈이 된다. 그 웃음의 원천은 물론 손자다. 하지만 손자도 머잖아 품에서 떠나간다.

인간과 동물의 차이는 모르긴 해도 안경 사용 여부일 것 같다. 아직 해외토픽에 안경 착용한 동물 뉴스는 접하지 못했다.

사람의 눈은 일만칠천 가지 색깔을 구별할 수 있다. 그래도 안경공학적 견지에선 인간은 절대 2.0 이상의 시력을 가질 수 없다. 그럼에도 불구하고 생존의 시력이란 게 있다. 푸른 지평선에 갇힌 몽골인의 눈매는 독수리급, 무려 5.0이 넘는다고 한다. 그 몽골인이 디지털 생활권으로 데려오면 채 1년도 안되어 안경의 도움을 받을 지도 모르겠다.

시각도 결코 전지전능할 수 없는 법, 놀라운 후·청각의 개는 시각은 꽝이다. 완전한 색맹이어서 개가 보는 세상은 오래된 흑백 텔레비전 화면급이다. 매는 인간에 비해 4~8배나 멀리 볼 수 있다. 색을 감지하는 원추세포의 밀도가 인간의 다섯 배에 이르기 때문에 선명한 천연색 영상을 본다. 그러나 이들도 밤이 되면 맥을 못 춘다. 매의 눈에는 어둠 속에서 희미한 빛을 감지하는 간상세포가 거의 없기 때문이다. 튼튼한 간상세포 때문인지 올빼미에겐 그런 밤도 훤한 대낮이다.

시력과 관련 인간과 동물은 모두 아킬레스건을 갖고 있다. 그런데 인간은 그걸 인정하지 않았다. 선악과 따먹고, 노아의 방주 만들고, 바벨탑 쌓아올린 인간은 자신이 터치할 수 없는 극근極近과 극원極遠의 세상을 볼 수 있는 문명의 이기를 발명했다. 바로 망원경과 현미경이다.

신통방통한 렌즈는 안경을 통해 인간의 허영을 마음껏 증폭시켰다. 새 안경 하나가 주는 이미지 변신효과는 성형수술 못지 않다.

사람들은 점차 투명 렌즈가 싫증이 났다. 색을 입혔다. 선글라스 세상이 도래했다. 패션의류 같은 안경 시대가 열린 것. 우중충하고 후줄근한 일상도 선글라스만 쓰면 펀 데이(Fun day)로 분칠해준다. 386세대 이상에겐 선글라스 대명사로 불렸던 라이방. 그게 실은 전투조종사들이 눈에 해로운 광선을 차단하기 사용한 색조 안경인 레이밴(Ray-Ban)을 베트남 식으로 발음한 것.

학자들은 13세기말 이탈리아 베니스의 유리 세공업자들의 손에서 인류 최초의 안경이 태어났을 거라고 추측한다. 조물주는 아마 능력과 재산, 권력에 상관없이 일생에 한번은 안경이란 루비콘강을 건너가도록 인간을 창조했을 것이다. 젊을 때는 가까운 것은 잘 보고 먼 걸 잘 못 보도록 했고, 늙어갈수록 가까운 걸 잘 못보도록 배려했다. 그런데 인간은 그런 조물주의 권능에 또 도전을 했다. 안경을 발명해 버린 것이다.

이탈리아 플로렌스의 한 공동묘지에 이런 묘비명이 적혀 있다고 한다. '여기 플로렌스에 살았던 안경 발명자 여기 잠들다. 신이여 그를 용서하소서'

멀어질 것이다. 썰물처럼 사라지는 자식과 손자. 갯벌처럼 변한 노경의 심사, 그 독법은 무엇인가.

임종의 시간이 다가오고, 친구마저 저 세상으로 갈 때, 그즈음 어르신의 심정을 정확하게 꿰뚫고 보듬어주는 자는 누구겠는가. 그게 세월의 소리 아니겠는가.

마음의 행로

　마음이라는 한 물건이 있다.
　통제할 수 없는 분노가 나를 갈기갈기 찢고 있을 때, 내 마음 속에서 어떻게 그런 망나니 같은 놈이 패악을 쳐대는지를 쉬 가늠할 수가 없다.
　기쁨, 즐거움 등 천사표 기운들은 고분고분한 구석이 있다. 그래서 항상 내 편인 것 같다. 하지만 같이 있고 싶지 않은 악마적인 기운, 그건 왠지 다른 외행성계에서 온 침입자 같다. 어쩔 수 없이 종교적 기도, 문학적 성찰로 그런 볼썽사나운 마음의 편린을 잠시 다독거려본다. 숙성도 하고 반성도 하고 역지사지적 자숙도 해본다. 하지만 놈들이 남긴 흉터나 얼룩은 추가도발을 감행한다. 불편한 마음을 싹 몰아낼 묘수는 없을까.
　상당수 동양철학자는 마음의 행로를 관장하는 초월적 메커니즘(CPU)이 이미 우주 안에 다빈치코드처럼 내장돼 있다고 주장한다. 우주코드는 우주의식을 갖고 있는데 조물주가 우주 발생기에 그걸 한꺼번에 설계했다고 믿는다. 우주의식은 파고들지 못하는 시간과 공간이 없다. 심지어 유산된 낙태아의 유전자까지 원격조종한다. 운명론자는 "세상사는 이미 다 정해져 있다."고 믿는다. 어떤 이는 동양의 주역과 명리학, 풍수지리학, 점성술 등에서 삶의 비밀을 찾는다. 성인은 고도의 집중력을 통해 우주의식의 센터와 자기 마음의 중심을 일식이나 월식처럼 일치시켜 천인합일天人合一의 극치감을 맛보았다. 그 극치감이 언감생심일 수밖에 없는 민초들은 성인의 가르침을 묵묵히 추종한다.

하지만 과거로부터 면연된 그 초월적 지혜, 그걸 통해 우리가 뭘 그렇게 크게 감동하고 배울 게 있나 회의감이 들 때가 많다. 성인발 각종 거룩한 가르침이 흘러넘치지만 IS의 묻지마 테러 하나 어쩌지 못한다. 언어진리는 모순 가득하다. 창 지상주의자는 "내 창으로 못 뚫는 방패가 없다."고 주장한다. 창밖에 모르는 자는 그게 진리로 보인다. 창 이외의 것은 다 부정한다. 하지만 창 옆에 방패를 배치시키면 상황은 확 달라진다. 방패 지상주의자는 "내 방패로 못 막는 창이 없다."고 맞선다. 논리란 다 이런 식이다.

마음은 찾아도 보이지 않는다. 연기로 연결돼 고정불변의 실체가 없기 때문이다. 마음이란 저기압과 고기압이 만나 형성된 비와 같다. 마음은 다른 마음과 그물망처럼 연결되어 있다. 내 마음이라고 고집할 게 없다. 그 마음이 자발·자립적으로 생긴 게 아니라 남과의 인연 속에서 생긴 것이기 때문이다. 내 생각인 것 같은데 실은 남한테 영향을 받은 생각이다. 남의 생각 역시 제 것이 아니다. 마음의 실소유주가 누군지 알 수 없다.

현대사회의 마음은 타자겨냥적 욕망·욕구에 감금되어 있다. 하늘의 별보다 더 많은 각종 신상품. 그 상품을 다 소비하다 보면 어느덧 임종이다. 신상품 구매가 삶의 궁극적 의미인 사람이 폭증한다. 우린 지금 물건이 만든 욕망을 자기 마음으로 착각한다. 우리는 그 욕망을 독,선점하기 위해 더 공부하고 더 좋은 직장과 자리에 오르고 싶어한다. 욕망이 욕망을 욕망한다. 그 욕망이 자기라고 믿는다. 무엇이 되고 싶다는 그 마음조차 실은 욕망의 자작극이다.

세상은 관광에서 여행 모드로 변하는 중이다. 관광은 욕망의 근육만 더욱 강화시킨다. 그런데 다행히 여행은 그 욕망 이면에 가려진 자신의 원바탕을 번쩍 보여준다. 있는 그대로, 지금의 나를 긍정해주고 만족하게 한다.

여행주의자는 자기 바탕에 맞는 일을 찾아간다. 그래서 세상의 일에 귀천을 두지 않는다. 지금 상당수 청년은 관광버전. 그 욕망 때문에 다들 백수로 추락한 건 아닌지……. 욕망제로인 여행버전의 삶을 설계해보라. 어렵겠지만 아파트부터 포기하고 집 없는 인생부터 설계해보자. 욕망을 만족으로 치환시키기. 그것도 멋진 성공 아닐까!

혁명의 추억

　체 게바라. 아르헨티나 출신 의학도였던 체는 오토바이를 타고 두 차례에 걸쳐 순례에 가까운 라틴아메리카 여행을 떠난다. 그게 그의 운명을 바꾼다. 우물 안에서 달과 별만을 봤던 낭만파 청년, 그가 비로소 우물 밖 현실을 자각한 것이다. 제국주의적 욕망이 가난한 중남미를 노예의 땅으로 추락시키는 현실에 항거한다. 체는 늘 지인에게 "인간의 질병을 치료하는 것보다 세상의 모순을 치료하는 일이 훨씬 중요하다."고 강조했다. 독재자 바리스타 정권을 몰아내고 쿠바 혁명이 완성될 시점에 체는 혁명의 동지였던 피델 카스트로에게 뒤를 부탁한다면서 미련없이 쿠바를 떠난다.
　1965년 4월 콩고 혁명을 위해 136명의 원정대를 꾸린다. 체가 실천한 혁명의 본질은 핍박받는 민중을 제국주의로부터 해방시키고 궁핍을 해소하는 데 있는 것이었다. 하지만 그는 1967년 10월 9일 미 CIA의 지시에 의해 총살된다. 눈을 뜬 채 담담하게 최후를 맞이했다. 그의 왼쪽 가슴에 총부리를 겨누었던 볼리비아 토벌대 군인 마리오 테란을 안심시키며 "겁먹지 말고 쏘라."고 말했다.

쿠바의 국부國父가 된 카스트로는 항상 체한테 미안해했다. 사후 체의 인기가 자기 권위를 넘볼 정도였지만 카스트로는 오히려 그걸 자연스럽게 여겼다. 둘 다 초인적 아량이었다. 2016년 카스트로도 세상을 떠났다. 고인은 감동적인 유언을 남긴다. 자신을 위한 일체의 호화로운 국장의식을 못 하게 한 것이다. 동상은 물론 도로변에 자기 이름조차 못 적게 했다. 그 유언 때문에 쿠바는 '우상화 금지법'을 제정한다.

이제 혁명은 더 이상 필요 없을까.

진정 묻고 싶다. 한반도의 주인은 누구인가, 혁명은 과연 필요한가.

세월은 실수다

I'm

 나는 나를 알겠지만 실은 그게 나를 모르는 일이고, 안다는 내가 진짜 내가 아님을 모르고, 육신을 버리고 다시 못 올 그 길을 갔다면 누가 그 아님의 나를 제 자리로 돌려줄 것인가. 때론 나란 참으로 신비한 물건이고, 나만큼 먼 물건도 없을 것 같다. 호흡하는 하나의 별, 똑 같은 무늬로 함께 밤하늘을 지키는 항성 같은 일상의 묘리란 알다가도 모를 일이겠지만, 또 동창처럼 만만한 이를 만나 구운 곱창 한 사발 소주 앞에 두고 술추렴 하노라면 그렇게 멀게만 보였던 삶의 묘리가 욕에도 묻어 있고 실없는 웃음에도 묻어 있는 것 같고, 그래서 현실이 전설과 신화보다 더 단단하고 깊이가 있어 보이기도 한다.
 아무튼 일상과 신비의 중간에 구름처럼 걸려 있는 예술이라는 한 물건. 그놈 역시 참으로 독특한 질환이다. 예술의 기운이 없이 혼자 되는 건 자폐증이고, 예술이 타인과 거래를 시작하면 고등 사기가 될 것이다. 그래서 거장은 자기의 잘못만 문제 삼지 타인의 경지는 경쟁의 대상에서 제외시킨다.

1810년 1월의 추사 김정희

청나라 연경은 지난 겨울보다 유난히 더 추웠다.

연행사절단 부사였던 김노경의 아들이었던 스무네살의 추사 김정희도 일행에 섞여 있었다. 설렘 가득했던 추사는 온통 황홀한 호기심 때문에 추위가 도무지 추위 같지 않았다. 당시 세계 최고의 인문학적 인프라를 구축하고 있었던 연경의 문화에 매료됐고, 그런 놀라움을 축으로 해가 기울기 시작하고 있는 조선의 헛기침을 서예로 필터링하고 있었다.

그는 한 고수를 학수고대하고 있었다. 바로 옹방강翁方綱이었다. 추사는 옹방강에 대해 일찍부터 잘 알고 있었다. 특히 옹방강의 글씨를 너무도 좋아했던 추사는 그의 글씨를 수집하기까지 하였다. 자신의 서재 이름도 보담재寶覃齋라 하였다. 옹방강이 송나라의 문인 소동파蘇東坡를 흠모한 나머지 자신의 서재를 보소재寶蘇齋라 했던 것처럼 자신이 옹방강을 흠모한다는 의미로 그랬던 것이다.

당시 옹방강은 여든을 바라보는 상노인, 사람들을 잘 만나주지 않았다. 당대 최고의 석학이 조선에서 온 젊은이를 만나주지 않은 게 어쩌면 당연한 일이었을지 모른다. 그럴수록 김정희는 초조해졌다. 언제 다시 연경에 올 수 있을지 알 수 없는 일이고, 다시 온다 해도 옹방강이 살아있다는 보장도 없었다. 추사는 아버지 덕분에 옹방강의 서재인 소재蘇齋를 방문할 수 있었다. 그야말로 추사 인생의 전환점이 된 사건이었다.

옹방강을 본 추사는 깜짝 놀랐다. 자신이 10년 전 꿈에서 만났던 바로 그 노인이었기 때문이었다. 게다가 옹방강의 서재는 온갖 보물들로 가득했다. 옹은 그 보물들을 꺼내 하나하나 설명해 주었다. 단 한 번의 만남이었지만 추사는 그날의 광경을 평생 가슴속에 품고 살았다. 너무도 큰 충격이었기 때문이었다. 예상 밖의 성과를 거두고 귀국한 추사에게 어느 날 편지가 날아들었다. 옹방강이 보내온 편지였다. 추사는 뛸 듯이 기뻤다. 젊은 추사로서는 감히 옹방강에게 편지를 쓸 엄두도 내지 못하고 있었는데, 60년의 나이 차이를 뛰어넘어 옹방강이 먼저 편지를 보낸 것이다.

이후 추사는 해마다 왕래하는 사신단을 통해 옹방강과 편지를 주고받으며 청나라 학술의 정수를 전수받는다. 추사는 과거도 뒤로 한 채 옹방강의 지도를 받으며 학문에만 몰두하였다. 1818년 3월 하순 옹방강의 부음이 전해졌다. 추사와 옹방강이 만난 지 9년 만이었다. 시간이 흐를수록 연경에서 추사의 명성은 높아만 갔다. 추사를 알아야만 이야기 상대로 삼을 정도였다. 조선 사신들이 오면 추사와 잘 아는 사이인지 묻곤 했다. 역관들도 추사와 잘 아는 사람들만 대접받는 지경이 되었다. 청나라 지식인들이 추사에게 이렇게 큰 관심을 보인 데는 여러 가지 이유가 있지만 가장 큰 이유는 추사가 조선 최고의 금석학자金石學者였기 때문이었다. 금석학은 옛 비석이나 쇠붙이 등에 새겨진 글자를 연구하는 학문으로, 당시 중국에서는 가장 중요한 학문의 하나로 자리잡고 있었다. 중국 지식인들은 조선 금석문에 대해서도 지대한 관심을 가지고 있었다. 추사의 금석문 연구는 당시 중국 지식인들의 조선 역사에 대한 관심을 촉발시켰다. 하지만 조정은 추사의 북학정신에 적이 부담이 되었던지 그를 유배에 처한다. 1840년 9월 2일 그의 나이 쉰넷.

위리안치 속에서 추사 철이 들다

위리안치圍離安置란 말이 있다. 조선조 왕족이나 고위관리에게 유배형을 내릴 때 적용하는 형벌 중 하나. 사람이 드문 섬으로 보내는 건 절도안치絶島安置, 자신의 고향으로 보내는 건 본향안치本鄕安置라고 한다.

위리안치에 처해지면 탱자나무 울타리를 치고 죄인을 가둔다. 그중 한 쪽만 틔운다. 추사 김정희도 위리안치형에 처해져 제주도 대정읍 대정향교 근처로 가게 된다. 9년 가까이 거기에 있었는데 그는 유배 오기 전 마지막 전라도 곳곳을 돌아보며 서예의 대가들을 연이어 만나본다.

전북 전주에 들어서는 조선후기의 조선 3대 명필로 불리는 창암 이삼만과 조우하게 된다. 그 자리에서 추사는 제자들이 듣기에 엄청나게 모욕적인 발언을 서슴지 않게 내뱉는다. 창암을 두고 "시골의 한 서예가로서는 밥은 굶지 않을 실력을 갖고 있다."고 평을 했다. 창암은 부글부글 끓어오르는 역한 심사를 지그시 누른다. 유배를 가기 전 추사는 오만하고 자신의 글씨가 조선 제일이란 왜곡된 자부심을 갖고 있었다.

추사 갑장인 초의선사가 있는 해남 대흥사에 들려 당대 호남에서 최고 명성이 있는 원교 이광사의 대웅보전大雄寶殿 현판을 떼어내고 무량수각無量壽閣이란 현판을 써서 달게 했다. 하지만 추사는 유배중인 제주도에서 우리나라에서 가장 독특하고 독보적인 서체를 완성시킨다. 바로 추사체였다. 추사체는 제주도 앙칼진 대정 앞바다의 파도갈기에서 연원한다고도 한다. 한 세계를 터득한 추사는 비로소 겸손이 뭔가를 깨닫게 된다. 정점이 수직이 아니라 수평선속에 있다고 믿는다.

유배가 끝나자 추사는 즉시 대흥사를 찾아가서 초의선사에게 자신이 예전 떼어내라고 했던 그 원교의 현판을 다시 달게 한다. 창암에게 사죄하러 전주로 갔다. 하지만 창암은 3년 전 세상을 떠나고 없었다. 추사는 속죄의 마음으로 창암을 위한 묘비명을 적는다. "여기 한 평생을 글씨를 위해 살다간 어질고 위대한 서가가 누워 있으니 후생들아, 감히 이 무덤을 훼손치 말라."

소추사小秋史가 대추사大秋史로 웅비하는 순간이었다. 글을 얻었다기보다 누구를 얕보지 않고 사물을 있는 걸 있는 그대로 볼 줄 아는 중용의 마음을 증득한 것이었다.

처사가 그리운 세월

접빈객 봉제사

11월 아랫도리를 휘돌고 가는 카랑카랑한 초겨울 바람에는 돌아가신 조부의 헛기침이 묻어 있다. 평생 한학을 하면서 책 한 권 안 내고 돌아가셨다. 어린 날 나는 조부의 무릎에 자주 앉아 있곤했었다. 밥상 앞에 앉아 지그시 눈을 감으신 뒤 헛기침을 몇 번 하고 식사를 하셨다.

나는 조선 사대부의 피가 흐르는 조부의 식사법을 정확히 기억하고 있다. 훗날 내가 대한민국 음식의 뒤안길을 추적하는 과정에 조선 양반의 식사법을 나름대로 정리할 수 있었다. 조부의 밥상은 차려질 때나, 식사가 끝났을 때나 그 정갈함은 별반 차이가 없었다. 항상 밥을 남겼고 대다수 내 차지였다. 그 밥에는 된장 국물, 고추가루 등이 전혀 보이지 않았다. 조부는 밥 한번 떠 먹고 국 한번 떠 먹으셨다. 평생 국 따로 밥 따로의 원칙을 고수했다.

조선의 예법은 지금과 달라도 너무 다르다.

조선에선 개인의 성공이란 말이 없다. 입신양명이라고 했지만 그건 오직 종묘사직과 문중의 몫, 행세깨나 하는 반가 어른들이 평생 숙업은 오직 접빈객 봉제사接賓客 奉祭祀였다.

양반에서 선비로

처사, 아직 현대적으로도 분석이 다 끝나지 않은 참 초월적이면서도 별스런 존재다. 사단칠정론四端七情論, 이기이원理氣二元, 이기일원론理氣一元에서 보듯, 그들의 이치에 대한 탐색은 너무나 섬뜩할 정도로 정교하고 논리적이었다. 군자의 반열에 오르기 위해 하늘의 이치가 땅의 이치와 교호하고, 그 패턴이 인간과 어떻게 맞물려 돌아가는지를 사색했다. 천자문, 동몽선습, 그 다음은 소학, 사서, 나중에는 시서詩書를 숙고한 뒤 역경을 위편삼절韋編三絶의 자세로 파고든다.

양반은 선비와 좀 다르다. 양반은 권세가, 선비는 도학자이다. 선비의 정수가 바로 처사다. 그의 법도는 바느질 이상으로 치밀했다.

반가班家는 예에서 시작해 예로 끝난 삶을 살았다.

행신범절에 대한 치밀한 매뉴얼 북까지 개발된다. 그 주저서가 『주자가례朱子家禮』이다. 그것이 조선에 들어와 현실에 맞게 고쳐졌는데 대표적인 게 선조 32년(1599) 사계 김장생이 펴낸 『가례집람家禮輯覽』이다. 권10에 제례음식 진설법이 잘 정리돼 있다. 홍동백서紅東白西, 좌포우혜左脯右醯, 어동육서魚東肉西 등등.

조선 인물의 반은 영남에서 나오고 그 중에서도 안동에서 퇴계 이황, 서애 유성룡, 학봉 김성일 등 한국 선비의 메카라 할 정도로 거장급 현유賢儒가 등장한다. 안동 선비들의 동선은 거의 서울과 닿아 있었다. 그들의 음식은 임금을 위한 수라상 영향을 많이 받는다. 수라상 진설법은 흡사 미적분 방정식 해법찾기를 방불케 했다. 나주에서 올라온 나주반에 차린 12첩 반상, 놓는 위치도 정해져 있다. 반드시 왕과 왕비가 같은 온돌방에서 받고, 동편에는 왕, 서편에 왕비가 좌정한다. 겸상은 없고 시중드는 수라 상궁도 각각 3명씩 대령하고, 수라상도 원반, 곁반, 책상반 등 3개가 들어왔다. 1719년부터 1910년까지 임금이 먹을 수 있는 국의 종류만 64가지.

물론 진찬의궤에 상세하게 그 매뉴얼이 적혀 있는 궁중음식이 어떻게 반가음식에 스며들어 갔을까. 그 흐름은 크게 두 가지가 있다. 하나는 봉송문화封送文化이다. 이건 임금이 음식을 다들고 퇴선退膳하고 나면 여러 신하에게 골고루 나누어 주는 것이다. 서울의 반가음식이 궁중음식과 닮은 것도 이 같은 이유다. 하지만 궁중음식은 일반 음식과 차별을 두었다. 양반이라도 차릴 수 있는 상을 9첩 이하로 제한하고 12첩 반상은 궁중에서만 가능했다.

반가 밥상은 참, 비쩍 말랐다

우리가 반가음식과 관련 착각하는 대목이 있다.

바로 양반 상을 번지르르한 춘향전에 등장하는 변사또 밥상과 비

숫할 거라고 믿는 것이다. 그건 절대 아니다. 노블리스 오블리주 마인드가 출중한 꼬장청렴한 선비들, 그들은 자신의 입으로 음식의 맛을 논하는 것 자체를 수치스럽게 생각했다. 음식을 탐하는 이와는 허교도 하지 않았다. 상당수 양반들은 3첩 반상, 국과 밥, 김치와 된장, 나물 한 점 정도만 있어도 맛있게 먹었다. 특히 호남과 달리 경상도 지방은 물산이 그렇게 풍부하지 못했다. 그래서 잔칫날이나 명절 등 때만 쌀밥과 고기를 먹을 수 있었다. 하지만 제사만은 풍성하게 치장했다. 자기는 굶어도 조상 제사 음식은 정성을 다해 챙겼던 것이다.

  예로부터 "양반은 대추 하나만 있어도 충분히 요기한다."고 했다.

  항상 신독하고 겸손하고, 남을 배려하는 걸 미덕으로 삼았던 선비. 그들은 다른 식구들을 의식하면서 밥을 들었다. 맛있는 걸 맛있게 먹지 않고 가능한 수하가 많이 먹을 수 있도록 밥상물림을 한다. 양반가 식문화의 가장 독특한 게 바로 밥상물림이고 그걸 존수하다보면 몸이 많이 축나게 된다. 이걸 양상수척讓床瘦瘠이라 해서 덕의 상징으로 여겼다. 안동 등 경북 북부지방 양반가에선 어른이 밥을 남기는 걸 체면한다고 했다. 그게 없는 사람은 본배없는 자로 규정, 사람으로 여기지 않았다.

밥상 법도

  밥상 법도도 아주 엄했다. 상전무언床前無言, 양반은 밥을 먹을 때 절대 소리를 내면 안 되었다. 수저를 들기 전에 우선 천지인을 향해

삼고례三告禮를 올리기 위해 세 번 헛기침을 하거나 젓가락을 들어 밥상을 세 번 두드렸다. 종지 안의 지렁을 먹고 입안을 청아하게 만든 뒤 동치미 국물을 먹는다. 밥을 퍼먹는데도 법도가 있다. 오른손잡이의 경우 시계판 8시에서 2시 방향으로 떠먹어간다. 이것은 23.5도 기울어진 지구축과 비슷하다. 반드시 삽시각插匙角 45도를 유지한다. 밥그릇 밑둥에 남는 초승밥은 아랫사람을 위해 남겨두었다. 남은 밥은 늘 청정해야만 했다. 그래서 요즘처럼 국에 된장과 나물을 넣고 비벼먹는다거나 밥에 국을 말아 국밥처럼 후루룩 드시는 건 아주 경망스러운 처사로 낙인찍히게 된다.

고조리서인 『규합총서』에 사대부가 지켜야 할 다섯 가지 식사예법이 적시되어 있다. 양반들은 절대 점심 때 남의 집을 방문하지 않았다. 너나없이 가난하던 때였기 때문이다. 일찍 와도 때가 되면 먼저 자리를 떠는 게 예의였다. 붙잡는다고 해서 바로 식사에 응해서도 안 된다. 양반은 절대 겸상하지 않고 둥그런 독상을 받는다. 또 종부는 명령만 내리지 절대 부엌 출입을 않는다. 그래서 한복 윗저고리 옷끝단에 흰 덧천을 댄다. 신분의 상징인 것이다. 상을 나르는 건 남자 노비들의 몫이었다.

어느 날 문리가 트인다

깨달음이 온다. 언동이 달라진다. 고매한 인품과 촌철살인의 안목, 매사에 엄정하고 관후한 인품. 예와 이치가 아니면 온갖 탄압과 유혹

앞에서도 지조를 버리지 않는다. 문무겸장의 의인이다. 세인들은 그런 충절과 인품, 덕성에 감동, 공덕비 등을 세워 그 의기를 만세에 전하려 했다.

하지만 개인적으로는 의로웠지만, 의로운 개인이 모인 집단은 한없이 무례하기만 했다. '도덕적 양반과 비도덕적 가문'의 갈등은 고스란히 민초의 고통으로 남았다. 문중과 학파간 당쟁적 자존심 대결은 각종 사화士禍로 번졌다. 서당·서원·성균관 등을 등에 업은 법도싸움이 가열차게 전개됐다.

승부수는 과거급제였다. 그건 가문의 영광이자 입신양명의 종착역이었다. 정2품 이상 신분으로 대충신이 되면 임금이 친히 시호를 증시했다. 모두 홍문관 대제학(서울대학장)에 오르려 했다. 삼정승·육판서보다 더 영광스러운 자리였다.

하지만 그것보다 더 존경스런 자리가 있었다. 바로 처사處士였다. 그들은 재야에 은거하며 목숨 걸고 국사의 허물에 대해 질타하는 상소를 올렸다. 오죽 성스러웠으면 위패에 붙이는 지방에까지 그 단어가 올라갔겠는가.

퇴계와 갑장(1501년생)인 남명. 그는 사림의 종사답게 목숨 걸고 1555년 조선 상소사에 전무후무한 초강력 상소를 올린다. 명종이 단성현감에 제수하려하자 남명은 이를 고사하면서 일명 '을묘사직소'를 날린 것이다. 수렴청정하고 있던 문정왕후를 '아는 것 없는 한갓 과부'로 적시했다. 22세의 전하(명종)을 '사리분별을 못하는 한갓 어린애'로 매도했다. 상소문을 접한 대신들은 식은땀을 흘리면서 부들

부들 떨었다. 하지만 남명의 인품 때문인지 국문鞠問도 없었다. 왕실은 분노했지만 조정대신들은 "남명의 우국충정의 발로이기 때문에 처벌하지 않는 게 사리에 맞다."로 결론짓는다.

아직도 나는 이해할 수 없는 일이 있다. 그 숭고한 처사와 선비의 나라였던 조선은 왜 일본한테 나라를 빼앗겼을까? 왜 문묘文廟에는 이황은 배향되고 처사의 대명사인 남명은 배향되지 못한 걸까. 현재 문묘에는 동국 18현(설총, 최치원, 안향, 정몽주, 김굉필, 정여창, 조광조, 이언적, 이황, 김인후, 이이, 성혼, 김장생, 조헌, 김집, 송시열, 송준길, 박세채)이 배향돼 있다.

하지만 문묘에 종사된 이들 슈퍼 유학자에 대한 유림의 평가는 학통·당파·정치 정세 등에 따라 당쟁의 원인이 되기도 하고 출향黜享되거나 복향復享되기도 하였으며 위차位次가 바뀌는 경우도 있었다. 조선말엽 성균관과 문묘에서 배향해야 될 신위가 137위가 되었다. 이것은 임금과 각 당파 국반급國班級 권세가의 입장을 두루 고려해 전략적으로 결정이 됐다.

조선 유생들에게 최고의 가치는 종묘와 문묘, 성균관 대성전, 사직단에 집중된다 해도 과언이 아니다. 그중 가장 상징적인 공간은 종묘 정전宗廟 正殿이다. 이 공간은 조선시대 역대 왕과 왕비, 그리고 세상을 떠난 후에 왕으로 추존된 왕과 왕비의 신위를 봉안한 왕실의 사당건축물이다. 무려 101m의 긴 건물로 국보 제227호이다.

성균관대학교 옆에는 공자를 비롯 유학과 성리학의 성현의 신위,

그리고 한국 유학의 최고봉의 18 신위를 배향한 문묘가 있다. 문제는 조선 대표 유학자가 과연 18명으로 압축될 수 있는 기준과 원칙이 세월 따라 들쭉날쭉거렸다.

성리학의 종조로 불리는 정몽주는 우왕과 창왕이 신돈의 아들인 줄 알면서도 섬겼다는 이유로 고려 왕조에 대한 충절을 의심 받았고, 광해군~인조 때 김굉필, 정여창, 조광조, 이언적, 이황 5현의 종사 시에 이언적은 을사사화 때 처신으로 도덕성에 타격을 입었으며, 이황은 소년 시절 기생과 행적이 들춰지는 수모를 겪어야만 했다. 또 이이는 한때 불교에 몸담았던 전력 때문에 학문의 순정성을 의심받았고, 김장생은 기사환국으로 서인이 축출될 때 출향되었다가 갑술환국 때 다시 종향되었으며, 영조 때 송시열, 박세채의 종사 때에도 많은 분쟁을 야기하였다.

또한 성리학 외에 도교, 노장 사상, 양명학 등 이단 논쟁을 일으킬 소지가 있는 인물들은 철저히 배격되었다. 남명 조식은 도교에 경도된 것으로 판단돼 문묘에 들어갈 수가 없었다.

문묘 종사從祠는 단순히 선현에 대한 위패를 모시고 제사 드리는 기능에 그치는 것이 아니다. 여러 붕당의 명분과 이해관계, 나아가서는 자신들의 사활이 걸린 문제로까지 발전되었다.

나라 잃은 대한제국은 결국 대한민국으로 건너온다. 이씨조선과 선을 긋는다고 하지만 600여 년 한반도를 한 가지 색으로 물들인 성리학적 유풍과는 결별할 수가 없었다. 문묘와 종묘의 가치에 대해 그 어떤 사람도 왈가왈부할 수 없었다.

자유민주주의, 대한민국에는 유학의 성현만 있는 게 아니었다. 석주 이상룡, 우당 이회영, 심산 김창숙⋯⋯. 한일합방 앞에서 석고대죄 하는 마음으로 집안을 정리하고 위패도 파묻어버리고 머슴도 해방시키고 만주로 떠나갔다. 유학보다 독립운동이 더 상위의 가치라고 그들은 믿었다. 과연 문묘의 동국 18현은 우국충신의 비극 앞에 무슨 말을 할 수 있을까.

심산 김창숙은 1919년 3.1운동 때 33명의 각계 대표에 유림만 배척받은 것에 통곡한다. 일제강점기 문묘는 시대와 호흡할 수 없었던 '이념의 섬' 같았다. 모르긴 해도 문묘의 동국 성현들도 망국의 절망 앞에서 문묘를 뛰쳐나가고 싶어 했을 것이다.

심산은 문묘가 너무 사대주의적 공간으로 기우는 것을 경계했다. 훗날 성균관대학교 초대 이사장이 된 그는 1949년 전국유림대회를 개최하여 우리 문묘에 중국의 유학자들인 공문 10철과 공자의 72제자 및 한·당·송·원대의 22현까지 봉안하는 것은 사대주의적이라 판단했다. 그래서 공자를 위시한 4성四聖과 송조 2현 정호·주희를 제외한 나머지 중국 94현의 위패는 매안埋安하고 우리나라 18현을 대성전에 승봉키로 유도한다. 또 전국의 향교에도 이와 같이 시행하도록 하였으나 이 개혁안에 대해 보수 유림들의 반발로 일제히 시행되지는 못하였다.

1961년 2월 23일 전국 유림대회를 다시 개최하여 매안한 공문

10철과 정호·주희를 포함한 송조 6현을 복위키로 결의하였다. 이후 대부분의 전국 향교도 이를 따랐다. 그리하여 현재 성균관과 각 지방의 향교 대성전에는 공자를 정위正位로 하여 4성을 배향하고, 공문 10철, 송조 6현과 우리나라 동국 18현의 신위를 종향從享하고 매년 춘추 향사하고 있다.

  이 나라는 이제 더 이상 유림의 국가는 아니다. 불교, 기독교, 가톨릭, 천도교, 원불교, 증산도 등의 성인들도 동국 성현 못지않는 위상을 갖고 있다. 언젠가는 대한민국이 다 종교적 신념을 존숭하는 나라로 진화한다면 문묘는 다른 종교권 성현과 소통하게 될 것이다.

죽음, 그리고 초록경草綠經

방점인 사내

꼭 87년간이었다. 그 세월을 아버지로 통용되던 사내. 그가 마침내 내 생의 항목에서 지워졌다. 그리고 때맞춰 새벽비가 오죽(烏竹)의 기세로 내렸다. 사내가 빠져나간 자리엔 달무리 같은 흔적이 마음에 화흔火痕처럼 남는다. 그 우리한 통증이 윤슬처럼 내 슬픔을 더 반들거리게 닦아준다.

삶은 만연체인데 죽음은 마침표 하나 정도로 축약된다. 죽음, 꽤 심플하고 간략한 문체. 사내는 마침내 죽었다. 나는 마침내에 방점을 찍어준다. 난 그 사내의 탄생과정을 모르지만 죽는 과정만은 또렷하게 보았다.

병원이란 죽음에 대해 면죄부를 주는 곳 같다. 몸은 죽어가고 그런데 약은 살려주려 한다. 우리는 죽음을 너무 저주한다. 대신 약물한테는 무한하게 권한을 준다. 기고만장하게 된 약, 그 약물이 우리의 말년 곁에서 폭군처럼 군림하고 있다.

  죽음과 삶이 사내 몸뚱이 안에서 저기압과 고기압처럼 격돌한다. 약물은 이를 악물고 삶을 입증하려 한다. 대신 죽음의 관성은 그 약물을 따돌려 보려고 안간힘을 쏟아낸다. 어떤 이는 그 약물의 복음을 효심으로 보기도 한다. 약물은 죽음을 쉬 밀어내지 못한다.

  어느 순간 죽음이 약물을 완전히 제압해버린다. 순간 사내는 활화산 화구처럼 부르르 전율을 뿜어내다가 이내 적막 속으로 가라앉는다. 사내의 표정이 점차 월면月面을 닮아간다.

  중환자실에선 노메이크업, 패션도 쓸 데 없다. 중환자들의 아픔 역시 그렇게 특별난 게 없다. 무감각해진 의료진에겐 너무 흔한 일상. 매뉴얼대로 흘러간다. 약이 환자를 돌보는 것 같다. 한쪽에선 지고 또 한쪽에선 신생아가 방긋 햇살처럼 피어난다. 동공에 핏발이 서 있고 초강력 피곤에 쩔어 있는 당직의, 반쯤 감은 두 눈을 앞세우고 내게 연명치료를 할 건지 묻는다. 난 "치료는 열심히 하겠지만 연명치료는 거부한다."고 말했다. 연명치료를 더 받을 수 없는 사내, 점점 저승톤으로 돌아눕는다. 당신의 모든 근육이 조금씩 물속 닥나무 껍질처럼 나풀나풀 다 해체된다. 혈액 내 산소량 수치가 60 이하로 곤두박질한다. 곁에 있던 15년 경력의 간병사는 임종이 임박한 것 같다고 했다. 순간 사내는 해저 지진같은 경련을 터트린다. 그리고 이내 심연처럼 가라앉는다. 사내의 맥박을 찾아 보았다. 그 어디에도 없다. 맥박과 숨이 증발해버린 몸, 아버지는 방금 바다로 스며들어간

강 줄기 같았다. 담당의가 혈족이 보는 앞에서 사망을 선언했다. 유품을 정리하면서 뒤늦게 난감한 슬픔과 직면할 수 있었다. 사내의 지갑에 꼬깃 동면을 취하고 있는 지폐 몇 장과 병원에서 입고 계셨던 티셔츠 뒷덜미에 묻은 기름때 때문이었다. 생전의 당신보다 몇 십배 큰 울림을 주었다. 현실보다 추억이 더 거대해 보였다. 지금도 누가 돌아간다. 그건 슬픔이 아니라 실은 하나의 축제인지도 모른다. 본래 자리로 가지 못한 혈족이 망혼을 더 염려한다. 하지만 자기 자리로 간 그 망혼이 되레 지옥 같은 시간을 살아내야 할 혈육을 더 안타깝게 생각할 것 같다.

 임종 무렵엔 가족과의 관계도 거의 지워졌다. 종일 병상에서만 닻처럼 누워 있었다. 처음엔 혼자 힘으로 살금살금 돌아눕기도 했는데 나중엔 그걸 가능케 하는 근육도 망가져버렸다. 가족은 점점 희붐하게 멀어져 갔다. 그 자리에 들어 온 약이 시종 역할을 했다. 사내의 살가죽은 철거 직전 건물의 외벽 페인트 자국처럼 삭아 내렸다. 뒤꿈치가 가장 풍화돼 있었다. 손만 대도 밀가루보다 더 고운 살비늘이 곰팡이 균주처럼 풀려나왔다.
 사내의 삶의 무게, 그게 온전히 죽음의 무게로 치환된 것 같았다. 4월 5일 오전 10시 20분 어름이었다. 나는 집에서 부족한 잠을 충전하고 있었다. 전날 20년 가량 유지하던 파마머리를 잘라버렸다. 나도 몰랐다. 왠지 며칠 못살 것 같았다. 사내의 마지막 숨결, 나는 그걸 만져보지 못했다. 생명은 죽음의 힘으로 귀결되는 것 같았다.

호적에 적혀 있던 사내 이름 옆에 '사망'이란 단어가 추가된다. 사내가 항상 누워 있던 어둑하고 황망한 달서구 상인동 구석방, 한 여름에도 선풍기로 버티던 방. 문을 열면 언제나 누운 자세로 고개만 내게로 치켜 올리던 그 사내. 사내는 무정했고 나는 무심했다. 그가 차지하고 있던 전지 한 장 크기 만한 방바닥, 사내의 실존이 이제는 증발되어 버렸다. 빛만 매일 거길 오간다. 사내의 삶은 없다. 사내의 삶과 죽음 사이에 이제 내가 저울로 걸려 있다.

내가 세상에 태어날 때 그 사내는 정자를 들고 내 몸에 주주로 동참했다. 어쩜 내 몸의 근원, 어쩜 나는 그 사내의 그림자, 아니 허물 같다는 생각. 지금 난 그 사내가 평생 사용하던 붓을 그대로 사용하고 있다. 남구 대명동, 유목민이란 문화사랑방 한켠에 서예방도 꾸며 놓았다. 기억만으로 볼 때 사내는 아직 생생하게 진행형이다. 단지 몸으로 대변되던 그 구체적 일상만 사라졌을 뿐.

암전 暗轉

사내의 죽음은 사망진단서 한 장으로 축약된다.

삶이 죽음쪽으로 위치 이동하는 순간, 죽음도 좌시하지 않는다. 삶은 자신을 성찰할 때가 됐다고 싶을 때 삶을 죽음이란 버전으로 판갈이 할 줄 안다. 죽음, 그건 삶의 전략 아닐까. 죽음한테 무슨 꿍심 같은 게 있을 거라고 생각하면 그건 '통속'이다.

삶 옆에 죽음, 이유가 뭘까. 지구 옆에 달, 그리고 그 주변에 별이

에워싸고 그걸 망루처럼 보고 있는 태양은 왜 태어난 걸까.

　삶이 죽음으로 익어가는 순간, 죽음 또한 삶 속에 같은 반동력으로 자리잡게 된다. 묘한 중심잡기다. 죽음의 정산방식, 그리고 삶의 정산방식. 삶이 곧 죽음의 길이가 된다. 삶이 바닥나면 그 전체 길이가 죽음의 체적이 된다. 삶―죽음, 그건 선택의 세상이 아니라 나선형처럼 순환되는 구조다. 삶을 받아주는 죽음, 그리고 죽음을 받아주는 삶이다. 그러니 삶에만 몰표 줄 이유도 없다. 죽음은 아직 우리가 접하지 못한 달의 이면과 같다.

　죽음을 오픈하는 방식, 그것도 얼마나 다양한가. 어떤 이는 매장하고 어떤 이는 화장한다. 또 어떤 이는 수장하고 또 특별한 이는 조장鳥葬과 초장草葬도 한다. 혼자 죽기 뭣해 여럿 데리고 순장하기도 하고, 이집트 파라오. 그는 영구사체, 그러니까 미이라를 찜했다. 일명 사랍死蠟. 고고학자에 따르면 이집트에서는 뇌, 내장 등을 추출한 후 사체를 향신료를 섞은 천연탄산나트륨에 70일간 담그고, 꺼낸 시신을 천으로 감싸는 것이 가장 보편적인 사랍 형태였다.

　죽음이 남긴 혹. 그래, 그게 상속이다. 천체물리학보다 더 난해한 유족간 유산 분배. 주민센터에 가 보면 알 게 될 것이다. 숱한 상속 관련 증빙서류가 존재한다. 세율, 만만찮은 고차방정식 해법찾기 같다.

　혈육의 정 속에 폭도처럼 숨어 있는 예측불허의 탐욕스러움, 유산 상속에 편승된 욕심은 일반 욕구보다 더 치졸한 구석이 있다. 욕심과 욕심이 부딪힌다. 그 자리에 좀처럼 인간의 면적은 없다. 언성은 쉬 고성으로 넘어간다. 욕은 상대 인격을 빨리 바닥나게 만든다. 모멸감을 주는 숱한 욕들, 멱살도 잡고 이단옆차기까지 작렬된다.

하지만 혈육의 잔혹사는 처절하면 처절한대로, 저주스러우면 저주스러운대로 그럭저럭 봉합된다. 같은 항렬끼리 전쟁을 벌일 때 손아래 조카 같은 존재가 때론 중화제로 등장한다. 혈족싸움에 아이들이 개입하면 의외로 전투가 맥없이 게임오버된다. 아이보기 뭣해서, 뭐 대충 그런 심리가 작동되면 상황 끝. 보기 싫으면 안 보면 되는데 그게 말처럼 쉽지 않다. 같은 항렬끼린 안 봐도 되는데 자기보다 더 오래 살아 있을 아이들의 미래를 생각하면 싸움할 명분이 확 사라진다. 아이 생각해 서둘러 제 분노를 조금씩 가다듬으며 신사협정한다.

장례식 때 쌓였던 울화도 예식장에서 대충 삭혀진다. 하지만 봉합이 안 되는 것도 있다. 마음 속 깊이 자리한 막말, 그건 저승까지 가기 때문에 치명적이다. 그렇게 한숨 가득한 시신을 저승사자조차 좋아 할 리 없다. 저승사자가 시신을 포기하면? 그냥 구천을 떠돈다. 그게 중음신中陰神 아닌가. 그 중음신이 바로 요즘 잘나간다는 좀비다. 그걸 알았던 선인들은 죽기 전에 풀 건 다 풀고, 사과할 건 다 사과하고 그렇게 쿨 하게 저승으로 간다. 자식 괴롭히는 중음신이 안 되기 위해서다.

혈족한테는 정말 웬만해선 막말하는 게 아니다. 집밖 비즈니스, 아무리 잘해봐야 혈족 비즈니스에 실패하면 말짱 도루묵이다. 자식과 원수가 되면 이건 대형사고, 하느님도 어떻게 손을 쓸 수가 없다. 그래서 강호의 고수는 절대 가족전家族戰에선 이기려 하지 않는다. 아주 매력적으로 져준다. 그게 이기는 것. 가족 모두한테 져주면 모두 대박이다. 모든 구성원이 위너가 된다.

그런데 좀비는 져주는 것 없다. 시기와 질투에 감염된 탓, 혈족한테 이기려 하면 결국 혈족 모두 좀비로 돌아눕는다. 섬뜩한 귀결이다. 져주는 것, 그게 사랑의 시작 아닌가. 부모가 먼저 자식한테 지면 자식도 부모한테 자연스럽게 져준다. 남편이 먼저 져주면 아내도 자연스럽게 져준다. 져주고 싶어 그런 게 아니어도 상황은 그렇게 전개된다. 그럼 부부 모두 위너가 된다. 부부가 자식을 위해 먼저 져주기 시작하면 아이들도 부모한테 져주려 할 것이다. 그러면 서로가 서로에게 측은지심을 갖게 된다. 그런 가족은 천하무적, 그 가족의 저력은 옆집으로 흘러넘친다. 옆집한테도 기꺼이 져준다. 인사 먼저 하는 것, 그것도 져주는 거다. 나눠 먹는 것, 그것도 져주는 거다. 자기 집 앞 공간부터 개방해 주차가능구역이라고 선언한다. 이건 엄청 져주는 거다. 그걸 본 이웃도 자기 집 앞을 주차공간으로 내놓을 거다.

향香

49재를 시작할 즈음, 내가 살던 앞산의 산색은 찬란하고 무릉도원을 방불케 했다. 그 숲에선 죽음을 감지할 수 없었다. 몇 달 전만 해도 죽음 같았던 저 앙상한 나무, 그가 저런 황홀경을 펼쳐내다니 필시 죽음이 삶의 시간과 연동됐기에 가능한 천의무봉의 경지가 아니겠는가. 제주도의 수선화와 유채꽃, 남해안의 동백꽃을 딛고 솟구친 매화, 그 위에서 가야금처럼 활갯거렸던 벚꽃 전선이 사라지자 비슬산 참꽃이 여름으로 건너갈 푸른 이파리를 여러 장르로 칠해주고 있었다. 하나의 초록이 아니었다. 오만 가지의 초록, 그게 화성악처럼 조율되고 있다. 이 찬란함! 나는 그걸 '초록경草綠經'이라고 명명하고 싶었다. 담록에서 심록으로 건너가는 이파리들이 구름처럼 뭉게뭉게 피어올랐다. 당신의 망혼도 쉬 그 안으로 틈입해 가는 것 같았다. 짐승의 시간을 뒤로 하고 난 다시 인간의 시간으로 귀환했다. 어느 곳에선 죽음이 또 어느 곳에선 삶이, 갑과 을처럼 으르렁거리지 않고, 편견도 우열도 없이 다정히 4월 산하를 장엄하게 편집 중이었다.

　식솔의 강압 때문에 사회로 내밀렸던 사내의 그 숱한 인간관계, 30년도 안 돼 무용지물이 된다. 그리고 오래 가족 곁만 맴돌았다. 가족에서 시작해 가족으로 끝나버린 나날, 가족 역시 하나의 은하계였다.
　반듯한 혈육이 있을까. 다들 반듯하게 서 있지 못한다. 반듯하지 못함, 그게 얼마나 자연스러운가. 사내도 죽기 얼마 전에 그걸 알게 된다. 아니, 지금 내가 그렇게 믿고 싶은 것이다. 반듯하지 못하다는 것. 그게 자연스럽다는 것, 그게 평화라는 것, 그게 자유스러움이란 것. 그래서 삶의 나침반이 실은 삶이 아니라 죽음이었다는 것, 그걸 사내는 눈빛으로 내게 암시했다.

　지구의 자전축, 그게 23.5도 기울어져 있듯. 그렇게 세상사, 똑 바르지 못한 게 본질이고 진실이라는 것을 말하고 싶었지만 그는 그 생각을 혼자 삼켜버렸다. 각자 욕심만큼 또 욕망만큼 기울어지는 것, 그래야만 세상이 제대로 돌아갈 수 있다는 것까지도. 다 다른 것 같지만 실은 다 같은 것이라는 걸 그는 독백했다.

기쁜 게 아니라 슬퍼지기 위해 기쁨이 존재하는 것처럼 보인다. 더 큰 슬픔에 길들여지도록 세월은 기쁨을 보너스로 주었다. 기쁨이 아니라 슬픔이 종착역이란 것을. 그냥 들쭉날쭉한 슬픔의 끝선만 정리해주곤 말없이 사라지는 기쁨.

인간에게 맞는 일이란 것도 없고 그렇다고 어울리지 않는 일 또한 없다는 걸 말년에 조금 깨달았던 것 같다. 삶에 관한 한 '훈수'가 쓸데 없다는 것도 절감했다. 말없음, 그리고 또 말없음. 그것으로 가족의 슬픔을 숙성시켜 나갔다.

말과 글이란 게 때론 하나의 사치. 폭력이라는 것도 아셨을 것이다. 말과 글이 무용지물이 되는 순간. 말과 글이라는 게 누구를 겨냥하고 도모할 순 있어도 그게 누구를 궁극의 자리에 데려가 줄 수 없다는 것.

곡좌 曲座

때론 달과 별, 그리고 지구까지도 뼁으로 보일 때가 있다. 미처 몰랐던 태양의 실체를 알았기 때문일 수도 있다. 태양의 광선에 입주한 달 별 지구. 우주 한 포인트에서 왜 태양이 전을 깔고 영업을 개시했는지 그대는 아시는지. 생명은 어쩌자고 일생이란 그림을 그리게 됐는지.

 온 동네 주름잡던 교주급 주먹 옆에서 날건달의 주먹을 간신히 피할 수 있었던 시절. 그때 사람들은 자기 주먹과 교주의 주먹을 동일시한다. 팬이 자기가 스타와 같은 존재라고 착각하는 것과 다를 바 없다. 그런데 자기 주먹의 진짜 파워를 절감하는 순간이 반드시 온다. 그건 우울한 형식을 취하지만 결과는 지극히 통쾌하다. 자기를 지켜주던 큰 주먹이 사라질 때 그때부터 자기 주먹의 1막 1장이 개봉되는 것이다. 지난날 큰 주먹 때문에 자기를 어쩌지 못했던 그 난감한 주먹과 1 대 1로 직면했을 때, 비로소 자기 주먹의 한계를 알 수 있는 것이다. 그 한계가 바로 자기 꼬라지가 아닌가.

 한계를 안다는 것, 그건 자기를 객관적으로 다림질하는 것. 각을 세우는 게 아니라 각을 해체시키는 것이다. 날에 상대가 죽어나가는 것이 아니다. 날은 언젠가 자기 숨구멍을 겨눈다. 날이 죽어야 자기의 인격이 곧추서는 것이다. 인격 자체가 완벽한 날이기 때문이다. 성격이 아니고 인격. 그 격이 사회적 공감대를 얻을 때 인격은 성품으로 승화하는 것 아닐까.

 가끔 지옥보다 더 가혹한 육체노동 현장을 목격할 때가 있다. 어판장의 새벽 경매 광경, 아프리카 사금을 캐는 아이들, 부산 자갈치시장 좌판 아지매와 제주 해녀의 신산스러운 몸짓, 최후의 걸작을 낚아내기 위해 두문불출 창작에만 몰두한 예술가, 한계의 절정, 그 누구도 자신을 돌보아 줄 수 없고 오직 자기만이 자기를 구원해야 하는 절체절명의 시간을 혼자 그리는 사람들. 빽이나 학벌, 인맥이 아니라 오직 자기 몸뚱이로 우주의 몸무게를 감내하고 있는 순간. 생사는 한 뿌리가 되는 것이다. 이른바 생사일근生死一根, 마치 대장장이한테 수천 번 수만 번 두들겨 맞은 뒤 초승달 같이 완성되는 명검의 날처럼.

날의 두께, 인품의 두께. 칼만 있고 날은 사라지는 경지, 날은 있는데 그 날이 너무 얇아 보이지 않을 때, 그 천의무봉의 칼날은 사람을 확 그어도 피가 나지 않는다. 칼 장인은 그 두께와 싸움한다. 가장 예리한 칼은 날의 두께가 없다. 바람결 같은 칼날, 바람이 된 날. 그것은 정신으로만 존재한다. 인품 또한 그럴 거다. 두께를 쌓아가는 게 아니라 두께를 지워나가는 과정에 인품이 완성된다. 궁극에는 인품이 존재하지 않을 때, 그걸 의식하지 않을 때 인품이 만인에게 공평하게 공유되는 것이다. 인품이 어떤 두께를 가지면 그건 폼으로 변질된다. 그 폼이 카리스마가 되고 리더의 수단이 될 때 뽐내기, 폼내기 수준에서 상황 종료되고 만다. 성인 정도의 내공이 되어야 국가를 넘어 세계를 한 덩치로 품을 줄 안다.

모든 게 변하니 두려워하지 않아도 될 것 같다. 지구가 태양을 공전하는 속도는 초속 30㎞, 태양계가 우리은하를 초속 200㎞로 또 우리은하는 심우주의 중심부를 초속 600킬로미터 정도로 돌고 있다. 태양의 광선에 묻은 온도는 잘나갈 때 무려 1천500만도에 이른다고 한다.

음陰

 따지고 보면 부모도 하나의 태양일 것이고, 그 빛은 그 자식에게 감염된다. 부모가 그믐이 되어도 자식은 제 자식을 위해 또 태양으로 빛난다. 태양은 하나지만 그 태양의 촉수마다 부모란 제2의 태양이 주렁주렁 매달리게 된다. 개체적으로는 죽어도 계통적으로는 영생永生이다.
 갈수록 요즘 부모의 자리가 대일밴드처럼 추락하고 있는 것 같다. 그러는 사이 효자 자리를 간병사가 자꾸 뺏아 가고 있다. 그래도 부모는 자식한테 모든 걸 뺏기고, 그 자식 또한 제 자식한테 모든 걸 뺏기는 이 패턴은 우주가 죽는 날까지 지속될 것 아닌가.
 달 같은 슬픔, 별 같은 기쁨, 지구 같은 마음. 하지만 그걸 감싸는 태양 같은 영혼. 그 모든 걸 보자기처럼 싸버린 우주 같은 죽음. 그래서 삶이란 것도 따지고 보면 죽음이 대신 그려주는 한 폭의 만다라 같은 것인지도. 삶이 전제가 아니라 죽음을 전제로 삶을 볼 때 비로소 마음은 더 할 것도 덜 할 것도 없을 것이고. 그럼 모든 게 있는 그대로 보이지 않을까.

울음의 각도

  울음의 각도가 있을까? 아니 분명 있어야겠지. 너털웃음, 홍소, 박장대소, 파안대소 등과 현격하게 차이가 나는 각도를 유지하고 있다. 동그라미도 네모도 세모도 아니라는데, 방망이질도 아니고 빨래질도 아니라는데, 취객의 비틀거림도 아니라는데 반달도 아니고 초승달도 하현달도 그믐달도 아니라지. 이것인 것 같은데 이것도 아니고, 그것인 것 같은데 그것도 아니라니. 마치 혈흔인 듯, 노을의 번짐인 듯, 눈초리의 물매인 듯.

  울음을 손바닥에 올려놓는다. 봉창을 두드리고 지나가는 초겨울 눈발의 눈매 같은, 효자와 울음과 불효자의 울음도 각이 서로 다르듯 효자는 오열이고 불효자는 통곡의 각도로 무너진다. 둘 다 슬픔을 지칭하는 것이지만 그 각도는 서로 다르다. 가을의 햇살조차 여름의 햇살과 달리 우수만면한 각도를 유지하고 있다. 여름날 옥수수의 잎과 초가을 옥수수 잎의 기품은 다르다. 푸른 각도와 빛바랜 각도의 차이를 그대는 아는가? 다시, 슬픔의 각도를 잴 수 있는가? 각도

기에 갇혀버릴 슬픔이 있는가? 슬픔은 어디에서 오는가? 저승의 손길인가, 자연의 그늘인가. 도대체 슬픔의 본적은 어딘가. 그 본적에서 뗀 발걸음이 어떤 노정을 갖고 어떤 보폭으로 또 어떤 시선으로 걸어가는가. 폭포수처럼 곧바로 수직으로 대나무의 기세로 내리꽂히는 것이 아니라면. 단풍이 가장자리에서부터 잉걸불이 꺼지듯이 그렇게 적정하고도 적막한 각도로, 도둑고양이의 보법으로 틈입을 하는 것이다.

  임종의 검지를 유심히 바라보시라. 낮달의 기세를 유지하고 있다. 절망한 자의 목덜미의 어둑함이 묻어 있다. 그 각도는 곧바른 것이 아니라 비스듬한 기울기를 유지하고 있다. 사죄를 의미하는 내리까는 눈시울의 처지는 각도이다. 우울과 우수 사이의 쓸쓸함. 하늘의 쓸쓸함天悲.

4
이념에 곡하다

미학적 테러

나는 보그, 엘르 등 프리미엄급 패션잡지 속 슈퍼모델의 표정을 여러 각도로 분석하는 걸 좋아한다. 다들 슈퍼모델의 몸매에 탄성을 지르지만 실은 눈매가 더 핵심이다. 그녀에게 몸매는 덤, 혈穴은 눈동자에 숨어 있다.

남아공과 러시아의 세계적 모델인 캔디스 스와네포엘와 나탈리아 보디아노바. 이 두 모델의 눈이 뿜어내는 몽환, 냉혹, 우수, 비극……. 깊고 강렬하고 아득하다. 특히 그레이, 블루, 엘로우 계열의 이국적 심도의 동공은 보는 이의 현실감을 마구 흔들어 버린다. 남성도 그런 동공을 장전하면 격조가 달라진다. 나는 1962년 상영된 데이비드 린 감독의 「아라비아의 로렌스」 주연 배우 피터 오툴의 푸른 동공을 능가하는 남자의 눈빛을 본 적이 없다.

저들의 눈빛은 살기등등하다. 지상의 몫이 아니다. 지상과 우주의 경계인 지상 100km, 그 카르만선을 벗어나면서부터 펼쳐지는 심우주의 깊이가 장착되어 있다. 생각해 보라. 180cm가 넘는 신장, 흠잡을

데 없는 완벽한 몸매와 신화와 같은 동공, 완벽한 치아……. 그런 이국적인 몸매의 슈퍼모델이 일상 앞에 나타난다면 그건 하나의 미학적 테러이다.

　슈퍼모델에게는 몇 가지 시크릿이 있다. 런어웨이에서 캣워킹을 마치며 터닝할 때 그 누구도, 그 모두도 겨냥하지 않는다는 사실이다. 조금은 관객을 무시하는 듯한 시선 처리. 다시 말해 그들의 포즈는 절대 개인적이고 사적이지 않다. 오만, 도도한 기운이 압도한다. 그렇기 때문에 무의식적으로 그녀의 얼굴보다 그녀가 입은 옷에 집중된다. 그들은 자기를 드러내지 않고 패션을 강조하는 각도를 안다.

　그 어떤 여성들보다 그들이 유혹의 대상일 것 같은데 실은 그렇지 않다. 의외로 유혹의 사각지대에 방치된다. 왜 그럴까? 그건 완벽한 미가 일상이 아니라 초월의 몫이기 때문이다. 다시말해 인간의 몫이 아니다. 최고 예술이 늘 중독의 연장에 있는 것과 같은 이치이기 때문이다.

1%의 선과 악

흑과 백. 완전하게 성격이 다른 두 경계를 맛보고 나면 갑자기 삶이 무덤덤해진다. 덕장의 황태처럼 얼었다 녹았다를 여러 번 거칠수록 아량의 근육도 고루 발달된다. 그런 연후에 무림武林으로 진출해야 탈이 없다. 안목이 익을 때쯤 세상에서 가장 큰 허물이 호언장담이란 것도 안다.

소시민의 나날은 지극히 평범하다. 극단적 상황에 봉착할 확률도 별로 없다. 그렇지만 요즘 세상사는 다르다. 극단의 1%는 항상 우리 삶을 긴장시킨다. 정상적인 99%보다 비정상적인 1%가 99%를 좌지우지한다. 절대긍정도 문제지만 절대부정도 질병이다. 두 진영이 항상 불 앞의 화약고다.

하는 일마다 안 되는 그룹과 하는 일마다 잘 되는 그룹은 삶을 오목하게 보거나 볼록하게 본다. 맹猛이거나 맹盲이 된다. 그런 사람은 트라우마의 화신, 쉽게 욱한다. 장점보다 단점만 습관적으로 공격한다.

폭염 때 이런 생각을 해보았다. 지리산의 진짜 모양은 뭘까. 지리산 주변에 사는 사람을 대상으로 그런 질문을 했다고 치자. 주민 모두 자기 동네 밖을 한 번도 벗어나지 않았다. 화엄사쪽에선 동그라미, 뱀사골쪽에선 세모라고 말한다. 서로 자기 모양이 정답이라고 우긴다. 사실을 외면하고 믿고 싶은 대로 믿는 건 이념이다. 그건 IS처럼 좀처럼 바뀌지 않는다.

한 현자가 화엄사쪽 사람을 뱀사골로, 뱀사골 주민은 화엄사쪽으로 데려갔다. 그제서야 많은 사람은 지리산의 모양이 평소 본 것과 다르다는 사실을 깨닫게 된다. 그런데 보고 싶은 대로 보고, 생각하고 싶은 대로 생각하는 부류가 생긴다. 무조건 동그라미, 세모파가 대립한다. "보는 위치에 따라 모양이 다르기 때문에 진짜 지리산 모양은 모른다."고 주장한 몇 사람은 일찌감치 마을을 떠나버렸다.

어느 날 화엄사권의 한 인물이 나라님이 되었다. 그는 지리산은 동그랗다란 헌법을 만들었다. "다른 주장은 모두 죽이겠다."는 포고령까지 내린다. 다들 살려고 동그라미쪽에 매달린다. 일군의 사람은 세모파로 저항했다. 세상은 동그라미파와 세모파로 찢어져 일진일퇴를 했다. 나머지 주장은 모두 수면 아래로 숨어버렸다.

바야흐로 장점 학살시대 같다. 1% 단점과 장점에 너무 휘둘리면 사랑, 자유, 진실이 설 자리가 없다. 침소봉대하는 일반화의 오류는 정치, 언론, 광고 등 사회 각 부문 도처에서 발생한다. 연쇄 살인범

유영철이 소년·소녀가장에게 회개의 편지를 쓰기 시작했다고 가정해 보자. 99% 유영철의 악과 1% 선이 대립하는 순간이다. 하지만 그 1%를 갖고 유영철을 천사라고 우기는 건 사리에 맞지 않는 것이다. 따뜻한 세상이라면 "악마로 잠시 추락했던 인간 유영철, 다음 세상에선 좋은 사람으로 태어날 것"이라고 덕담해줄 것 같다.

개과천선할 기회가 봉쇄된 세상, 그게 바로 지옥이다. 링컨도 한때 횡령했고, 간디도 젊은 시절 성도착증에 빠졌다. 하지만 그 1% 잘못을 흉기처럼 들고 노예해방과 비폭력정신을 죽일 수는 없는 것이다. 친일파로 분류된 미당 서정주의 시, 반야월의 노래, 조두남의 선구자도 그렇다. 그의 친일이 이완용처럼 천인공노할 수준이라면 당대, 아니 후대 운명이 그를 단죄할 수밖에 없다. 이해할 수 있는 1% 친일을 전제로 나머지 치적까지 다 친일로 몰 수는 없는 일이다.

후대를 위해 더 소중한 일은 이들의 1% 악을 객관적으로 그의 치적 속에 낱낱이 기록하는 길이다. 우린 그 일을 거부한다. 세상사 이럴 때도 있고 그럴 수도 있다. 인격은 99% 장점을 전제로 1% 단점을 숙성시켜준다. 1% 단점만 부각시켜 장점 99%를 부정하기 시작한다면, 그럼 세상은 영화 「부산행」에 등장하는 좀비의 방으로 전락할지 모른다.

나를 부탁해

프랑스 구조주의 철학자 라캉은 "우리는 남의 욕망을 욕망한다."고 말했다. 그런데 세상이 달라져 점차 자신의 욕망을 욕망하기 시작했다. 남이 아니라 제 장단에 춤추고 싶은 것이다. 자기 욕망을 추구한다면 리퍼블릭(Republic)이 아니라 미퍼블릭 오브 코리아(Mepublic of Korea)로 가야 한다.

요즘 대다수 TV 토크쇼, 먹방, 쿡방은 결국 내 욕망 찾아주기 프로그램. 점차 재테크가 아니라 '욕테크(욕망관리법)'에 관심을 둔다. 누군가 "아프니까 청춘"이라고 위로했다. 청춘만 아플까. 다 죽을 맛이다. 죽을 때까지 아프다. 성공은 없고 자족만 있을 뿐이다. 왜, 내 욕망과 자기 욕망이 뒤엉킨 탓이다. 분리를 어떻게 하지?

남부러울 게 없는 한 갱년기 아줌마가 땅이 꺼져라 한숨을 내쉬며 이런 푸념을 토해놓는다. "지금 도대체 난 뭐지?" 2008년 방영된 KBS2 주말드라마 「엄마가 뿔났다」에 출연한 탤런트 김혜자가 그런 중년을 위해 명대사를 날렸다.

"다른 사람하고 비교하지 말어. 그 사람은 그 사람이고 나는 나여. 온 우주 통틀어 나는 오직 나 하나여. 그런 존재여. 왜 딴 사람하고 비교해서 나를 시시하게 만들어. 이 세상에 시시한 사람은 하나도 없어."

한국의 경우 내 욕망은 0.1% 이하고 남의 욕망 훔쳐보기는 99.9%다. 내 욕망 100% 시대라면 말세일까. 조선조 때 내 욕망은 무참히 짓밟혀 0%였다. 남의 욕망은 100%. 개인의 자유, 성공, 사랑, 재미 같은 건 저질 욕망으로 버림받았다. 오직 종묘사직과 가문의 욕망만 존중 받았다. 그래서 양반은 봉제사 접빈객에 올인했다. 가문, 향리, 사회, 국가, 민족, 우주의 욕망은 경전 등으로 집대성됐다. 어릴 때는 부모의 욕망, 친구의 욕망, 학교에서는 선생님, 직장에 가면 윗사람과 업자, 오피니언 리더가 되면 시민의 욕망에 휘둘릴 수밖에 없었다. 내가 설 자리는 없었다.

세상은 빛인데 난 어둠이다. 어떻게 하면 행복하게 되는지 그 방법을 알려 달란다. 과연 누가 그걸 알지? 정답처럼 사는 멘토도 실은 오답처럼 살고 있는지 모른다.

또 묻는다. 진짜 나는 누구지? 뭘 하고싶지?
우주에서 가장 쉬우면서도 가장 심오하고 난해한 질문이다. 현재 대한민국의 공교육은 이 질문을 제대로 하지도 답도 주지 못한다. 그냥 흉내만 낸다. 부모의 욕망과 자본의 욕망에 나를 뺏겨버렸다. 상당수 청년들은 내 욕망과 타자의 욕망을 분리하지 못하고 살아간다. 부모로부터 정서적으로 독립도 못한다. 대학교 졸업할 때까지 내 욕망을 경험할 겨를이 없었다. 아니 그런 겨를을 이 나라는 주지 않았다. 학교와 학원, 그리고 취업준비에 허덕이다가 사회로 나온다. 그 허덕임이 자기 욕망인 줄로 착각한다. 그리곤 안정된 직장을 찾으면 다시 타자의 욕망을 소비한다. 수많은 신제품에 중독이 된다. 사육된 욕망은 동물원의 동물처럼 제 길을 못 간다. 훗날 억압된 내가 나를 초토화시킨다. 우울증 등 각종 정신적 질환이 가정폭력, 각종 중독, 사이코패스 등으로 이어진다. 그걸 수습하는 사회적 비용은 천문학적. 타자의 욕망이 내 욕망을 억압하면 나라가 불행해진다.

'저마다 타고난 소질'이라고 국민교육헌장이 강조하지만 아직 '저마다 타고난 성적순'으로 들린다. 성적보다 소질이 더 존중받아야 한다. 소질공화국에서 더 나가야 한다. 내 욕망이 존중받아야 한다. 그걸 위해 살아갈 수 있도록 사회의 모든 가치를 헤쳐모여시키려면 어떻게 해야지?

모르긴 해도 '내 욕망 당' 같은 게 창당되어야 할 것 같다.

이념을 곡하다

　소설가 이문열을 인터뷰했다. 이문열은 2001년 참여연대 등 낙선운동 세력을 홍위병으로 통박한다. 그해 그를 규탄하는 국내 소설 사상 초유의 책 장례식이 터진다.
　대구로 오면서 김지하 시인도 생각했다. 김지하는 1970년 5월 잡지 《사상계》에 「오적」을 발표한다. 군장성, 국회의원, 재벌 등을 한국을 죽이는 흉적으로 적시했다. 운동권은 '과연 김지하'라며 기립박수를 쳤다. 필화와 투옥의 나날이었던 그는 1991년 5월 조선일보에 「죽음의 굿판을 걷어치워라」란 칼럼을 통해 "야당은 젊은이의 분신자살을 부추기지 말라."고 비판했다. 진보로부터 단칼에 변절자로 찍힌다. 두 지식인은 이념으로부터 철저히 왕따 당했다. 특히 '민주를 위해 죽어달라'며 은밀하게 압력을 넣었던 진보의 김지하에 대한 공격은 자못 동족상잔적이었다. 자기 진영 속 반대 논리조차 다름으로 포용하지 못하는 이념논리가 솔직히 무정하고 섬뜩했다. 특정 이념이 빛나는 순간은 반대 이념을 몰살하는 게 아니라 그럼에도 불구하고 끝없는 대화와 배려로 상대를 설득시키는 게 아닐까.

지금은 말 안 하기가 더 어려운 시절. 그 시절에는 말하기가 더 어려웠다. 그런데도 김지하는 목숨을 걸었다. 그것만으로도 김지하는 사실 한국 민주화를 위해 할 바를 다했다. 하지만 그는 민주인사권에서 퇴출됐다. 그의 굿판 발언이 설령 반진보적이었다 해도 한때 민주적 용기를 그렇게 매장하는 게 진보의 예의였을까. 진보는 다시 김지하를 민주인사로 복권시켜 줄 수 있을까. 그렇게 한다고 진보가 퇴보로 낙인 찍힐까.

오적五敵은 모르긴해도 광복 이후 독재정권을 겨냥한 최고의 풍자였다. 목숨을 걸어야 가능한 양심의 소리였다. 하지만 지금 그는 진보진영의 공적이 되어버렸다. 수구보수 꼴통지식인이란 낙인이 찍혔다. 나는 김시인의 가치관이 달라졌을 뿐, 그 어떤 사람도 50여 년 전 오적의 용기까지 부정할 수는 없다고 본다. 오적의 정신이 자기 입맛대로 굴러가주지 않는다고 해서 그의 전 인생까지 말살시키려 해선 안 된다.

지금 삶의 현장은 보수나 진보 모두 다 힘들다. 갈수록 세상은 이념보다 이해에 휘둘린다. 이념이 아니라 이해 때문에 보수가 되고 진보가 되는 것 같다. 예전에는 이념이 주연인데 이젠 이해가 주연이다. 그러니 이념보다 오히려 법치가 더 소중하지 않을까. 법치 속 시민정신, 서민의 십시일반, 독지가의 자선정신 등이 이념보다 더 똑똑하고 미래지향적이다. 이제는 영원한 갑도 을도 없다. 자본은 수가 틀리면 재벌이라도 가차없이 파산시켜 버린다. 사장도 망하면 비정규직이 될 수 있다. 있는 자와 없는 자란 설정도 자못 이념적이다.

진보와 보수, 둘은 대한민국의 영광적 미래를 위한 필수품이다. 진보인사의 아들이 삼성전자에 입사했을 때, 과연 그 진보 아버지는 자신이 타도 대상으로 삼았던 재벌이라서 "당장 퇴사해"라고 말할 수 있겠는가. 세상 문제에 대한 원인 분석에서는 진보적이었다가 해결 방법 모색에서는 보수적일 수도 있는 것이다.

산소 같은 진보, 수소 같은 보수를 뭉쳐 생명수를 만들어야 한다. 유권자는 지금 그런 지도자를 찾고 있다.

할아버지는 친일 지주, 그의 한 아들은 미국 신봉자, 또 한 아들은 북한 신봉자, 그 손자 중 한 명은 노동운동가, 또 다른 손자는 악덕 기업가, 그 한 증손자는 조폭과 노숙자가 될 수 있는 게 요즘 세상사다. 한 가족 안에 숱한 진보와 보수가 공존하는 세상이다.

가끔 병원 응급실, 수협 경매장, 취업 면접실, 장터 좌판, 조업 중인 어부의 눈빛이 생각난다. 민초들이 만들어 놓은 거인 같은 삶의 인프라 위에 무임승차한 '무동 탄 난쟁이'가 요즘 이념 같다. 1930년대 독일 바이마르 공화국을 해부할 때 에른스트 블로흐가 사용한 분석틀이던 '비동시적 동시성'이 지금 한국에는 너무 잘 적용된다. 탈이념 세상이건만 국내의 모든 불화는 여전히 이념 논쟁에서 비롯된다. 그래서 이념을 곡뺏해 보고 싶었다.

공공선은 공공악

 모두 옳은 말을 하고 있다. 그런데 서로에게 저주의 칼이 되고 있다. 이미 남한은 말로 분열돼 있고 북은 말로 통일돼 있다. 북한의 말은 하나뿐이기 때문이다. 그래서 북한이 더 공공선으로 보일 수 있다. 지금 남한의 지식은 공통분모가 없다. 언어는 이미 설득용이 아니다. 이 나라의 말은 이제 대화가 아니라 저격용이다. 남북의 말 전쟁〔言戰〕보다 더 치명적이다.

 광복 직후, 이 나라엔 빨강과 파랑밖에 없었다. 빨강은 인민의 이름으로, 파랑은 국민의 이름으로 서로를 죽였다. 미국과 소련의 사주 때문이다. 그 사주는 민족·자본주의 결합체인 제국주의 야욕 탓이다. 남북 간 민주民主란 공통분모가 있었지만 그 민주는 공존·협상 불가. 한쪽은 시장경제인 자본, 또 한쪽은 김일성이즘에 의해 굴러간다.

 빨강은 평등·공산의 가치, 파랑은 소유욕을 원동력으로 본다. 보기엔 빨강이 더 공공선 같다. 파랑은 세계 10위권 무역대국이 돼버렸다. 개인의 소유욕 때문 아닐까. 하지만 빨강의 일사불란한 가난에서 한민족의 원형질을 찾는 이도 많다.

밤의 한반도를 찍은 구글 지도, 빨강 영토는 깜깜하다. 파랑은 불야성, 누군 남쪽의 불빛을 미국의 빛으로 경멸한다. 그들은 어둠의 통일을 꿈꾸는가.

지금 국민과 인민 사이에 시민이란 신그룹이 태동했다. 천하무적인 시민은 이미 공공선이다. 민원·시위·농성·복지도 공공선, 그들은 품앗이정신이 출중하다. 새벽이라도 특정 시위·농성현장으로 곧장 달려간다. 하지만 국민파는 지원사격에 극도로 인색하다. 그래서 지금 대한민국 여론은 온통 시민여론뿐, 그 여론 위에선 대한항공조차 자유로울 수가 없었다.

민노총의 파워는 청와대 파워를 이미 넘어섰다. 누구의 견제도 받지 않는 최상위포식자 정치세력이 돼버렸다. 그들이 CEO랄 수 있다. 그들의 의지 속에는 이런 메시지가 장착돼 있다. 미국 아웃, 대기업 아웃!, 대한민국의 영광은 오직 약자의 몫. 언뜻 공공선인 것 같은 그 메시지가 실은 먼 후일 공공악이 될 것 같았다.

회사 공용차는 왜 몇 년도 안 돼 폐차 지경인가. 자가용 승용차는 왜 10년이 지나도 반들거리는가. 내 것이라는 소유욕 때문이다. 이게 전제되지 않으면 문명도 없다. 그런데 어느 날부터 누군가 소유욕을 공공재로 바꾸기 시작했다. 그들은 소유욕을 '빈익빈 부익부 바이러스'로 분석했다. 자기들도 그 바이러스에 감염돼 있다는 걸 그들은 고백하지 않는다.

공공선? 언어로만 도달할 수 있고 현실에선 영원히 구현될 수 없는 신화로 보였다. 연일 태극기·촛불 공공선 담론이 난무한다. 극도의 이견대립, 중립코너는 없다. 이미 선을 넘은 것 같다. 말로 벌이는 제2의 6.25전쟁이 남한 전역을 휩쓸고 있다. 빨강과 파랑은 상대 논리를 박살낼 수 있는 끝없는 대응논리를 핵폭탄처럼 구축해놓고 있다. 무늬만 한 국민이다. 말의 수위로 본다면 남북 대결보다 더 저주스럽다. 남과 북은 하나가 되어도 남의 두 진영은 영원히 하나가 될 수 없을 것 같다.

정치는 남을 희극으로 자신은 비극으로 추락시키는 힘이다. 그 힘의 요체는 측은지심惻隱之心. 현재 동창회 의전서열 1위는 국회의원이다. 모두 그 쪽으로 쏠린다. 희극의 정점에 서려는 요즘 정치가 꼭 못 잃은 망치 같다.

베네통의 전담 광고 사진작가인 올리비에로 토스카니가 세계 최고의 광고잡지《아카이브》와의 인터뷰 중에서 내뱉은 쓴소리에 밑줄을 긋는다. "우리는 공산주의자가 될 수 있을 만큼 충분히 진화하지 못했다."

자신을 비극적으로 멸사봉공하면 결국 위인이 된다. 하지만 자꾸만 자신을 희극적으로 만들면 그의 위세는 임기 안에 머물 수밖에 없다. 퇴근 후에도 자연인으로 돌아오지 못하는 정치는 군림하기 때문이다.

시급 1만원 시대로 가는 우리. 하지만 갑을 생계전선은 공멸구도, 그런 와중에 평등세상론은 하늘을 찌를 기세, 이 구도 또한 부담스럽기만 하다. 능력과 실력 차이, 그게 자리, 몸값으로 나타난다. 그걸 부정하면 시장도 무사할 리 없다. 국민MC K는 "판사와 목수의 망치가 동등하게 대접받는 평등세상을 꿈꾼다." 아쉽다. 그는 왜 정규, 비정규직 목수 망치 평등론부터 먼저 외치지 않았을까. 그의 연봉은 억대. 평등망치주의자의 출연료를 최저임금 8,350원에 맞추면 어떻게 될까. 출연료는 당연히 차이가 나야 되고 그러면서도 동등한 신분의 세상. 공공선 같은 공공악으로 들렸다.

국민MC인 그도 세상이 마냥 평등해질 수 없다는 걸 알면서도 모양새를 위해 평등세상을 외쳤을 것이다. 차별없는 차등세상을 암시한 것이리라. '1/N 정신' 그게 어쩌면 공존이 아니라 공멸의 출발인지도 모른다.

지구는 23.5도 기울어져 자전과 공전을 한다. 그 기울기 때문에 지금까지 생명이 존재할 수 있었다. 그걸 0도로 바로 세우려고 하면 모든 게 다 죽는다. 차별은 극복해야 하고 격차는 순환시키는 것. 그게 민주주의의 본질 아닐까.

국민식당과 시민식당

아주 오랜 옛날 우리 동네에 국민식당이 오픈을 했다. 누구도 국민식당의 독주를 의심치 않았다. 그런데 요즘 다크호스로 나타난 시민식당한테 사람들의 이목이 집중되고 있다. 많은 사람들은 국민식당과 시민식당의 차이를 잘 아는 것 같으면서도 모두 헷갈려 했다.

국민식당도 우여곡절 끝에 탄생했다. 처음에는 그 식당의 주인, 조리사, 종업원은 수직적으로 만났다. 주인은 태양이었고 나머지는 그 주위를 행성처럼 돌았다. 태양이 웃으면 같이 웃고 태양이 울면 같이 울었다. 조리사와 종업원은 먼저 웃고 울 수 없었다. 주인이 시키면 시키는 대로 직원들은 따라했다. 주인은 그 식당이 자기 때문에 굴러간다고 했다. 자기가 모든 걸 통제하는 게 공공선이라고 믿었다.

어느 날 한 종업원이 반기를 들었다. 그는 "모두 다 주인이다."고 대들었다. 그 종업원은 즉각 잘린다. 하지만 그 종업원의 유전자를 이어받은 다른 종업원이 "우리도 주인이다."고 또 외친다. 그도 잘린다. 주방이 술렁대기 시작한다. 조리사와 종업원이 한 목소리를 내기 시작한다.

"당신 혼자 주인이라고 하니 당신 혼자서 주방 일도 하고 서빙도 하라."

"배은망덕한 놈들……."

그들은 약속한 날 동시에 사표를 냈다. 고집 센 주인은 물러서지 않았다. 극약처방을 한다. 아내와 친척을 불렀다. 손님이 밀려들자 당황한 주인은 당장 종업원들에게 협상을 제안한다.

"돌아오라. 대우를 해주겠다."

그러면서 주인은 몰래 요리와 서빙하는 법을 배운다. 그는 그들에게 복수하고 싶었던 것이다. 그런데 요리를 배우면서 주인은 새로운 걸 깨닫는다. 조리사가 하루 아침에 될 수 없다는 걸, 또한 청소하고 서빙하는 종업원들이 여간 고생하는 게 아니란 걸. 어느 날 주인이 주방장과 종업원들을 불러놓고 중대발언을 한다.

"이제 이 식당 주인은 내가 아니고 당신들이다."

새로운 국민식당의 출범이었다. 또 세월이 많이 흘렀다. 그런 어느 날이었다. 국민식당을 눈여겨 보던 식당 단골들이 자기들도 주인이라고 주장한다. "식당이 이렇게 잘 된 것은 다 우리 덕분이다."면서 압력을 넣는다. 단골들은 일정한 배당금까지 요구했다. 단골협의회를 구성해 자금지출내역 조사 등 식당의 운영 전반에 대해 사사건건 시비를 건다. 마침내 그들은 "주인의 경영마인드가 시원치 않으니 자기들이 새 주인이 되어야 한다."는 요지의 최후통첩을 보냈다. 그러면서 국민식당 간판을 내리고 시민식당을 달겠다고 통보한다.

국민식당 주인, 요즘 깊은 밤 벌떡벌떡 일어난다. 잠이 오지 않는다. 이 식당의 주인은 진정 누구일까? 국민은 수직족, 시민은 수평족. 국민은 나라님이 주군이라고 믿는데 시민들의 최고의사결정권자는 바로 자기다. 시민은 입과 귀의 크기가 거의 비슷한데 국민들은 귀보다 입이 크다. 국민은 운명·숙명을 믿지만 시민은 팔자까지도 믿지 않는다. 국민은 부자와 가난뱅이가 타고난다고 봤지만 시민은 누구나 부자가 될 수 있다고 한다. 국민은 실리를 섬기지만 시민은 실천을 섬긴다. 국민은 '하면 된다'고 했지만 시민은 '할 수 있다'고 말한다. 국민은 군중속에서 고독했지만 시민은 군중을 고독하게 만든다. 국민은 일에 중독되지만 시민은 사명에 중독된다. 국민은 정의와 진리를 부르짖지만 시민은 정직과 진실을 외친다. 국민은 금고 안에 노는 돈이 많으면 성공이라고 하지만 시민은 이웃에게 안겨지지 않는 이상 그 돈은 독에 불과하다고 여긴다. 국민은 높은 자리와 낮은 자리를 구별하지만 시민은 그냥 자리만 볼 뿐이다.

슬픔의 폭력성

슬픔은 이기적이다. 폭력성이 감춰져 있다. 기쁨은 휘발성이 강하다. 슬픔은 블랙홀이다. 타인의 관심을 깡그리 흡입시킨다. 웃음은 소비적이지만 울음은 문화적이다.

좋은 일보다 궂은 일에 마음이 더 쏠린다. 결혼식에는 안 가도 그리 문제가 될 게 없지만, 문상을 가지 않으면 자칫 인연이 끊어질 수도 있다. 사회생물학자는 슬픔의 권력성을 주시한다. 이 권력성은 슬픔이 집단적 비극으로 진입할 때 저주의 악령에 휘둘린다.

불우이웃 돕기 운동가는 항상 주위로부터 '좋은 일 하시네요'라는 칭찬을 듣는다. 그래서 쉬 선민의식에 젖는다. 툭 하면 누굴 도와달라고 은근히 강요한다. 나중엔 내 돈과 네 돈에 대한 개념까지 희박해진다. 남의 주머니가 내 주머니 같은 순간도 온다. 도와주자고 호소하는 순간, 자신이 성스러운 존재가 된 것 같은 착각에 빠진다. 다들 내키지 않아도 도움을 준다. 안 도와주면 자기만 나쁜 사람이 될 것 같아서다. 도움이 강압성을 갖는 순간이다.

한 청상과부의 삼대독자가 물에 빠져 죽었다. 그 어머니는 종일 울기만 한다. '자기 슬픔은 결국 마을의 공동책임'이라 여기고 다른 일은 일절하지 않고 매일 한 집씩 방문해 자기 슬픔을 눈물로 호소한다. 그런데 어느 날 다른 집 사대독자가 물에 빠져 죽는다. 마을의 이목은 사대독자 어머니에게로 향한다. 삼대·사대독자 어머니는 각자 자기 슬픔이 더 크다는 걸 호소한다. 누구 슬픔에 한 표를 던지지?

슬픔의 소유권은 누구에게 있는가. 슬픔은 누가 독점할 수 없는 공공재다. 한 사람이, 한 집단이 어떤 슬픔을 당해도 그 슬픔을 배타적으로 독점하려 해선 절대 안 된다. 슬픔은 우열이 없다. 그래서 비교도 못한다. 저마다 절정의 슬픔인 탓. 그러니 내가 더 슬프다고 우기고 고집하고 주장해선 안 된다. 기쁨이야 개인의 몫이라 치부해도 슬픔은 공유물이다. 그래서 우리는 슬픔을 당한 자가 자기 슬픔을 쉽게 규정하지 못하도록 옆에서 도와주는 것이다. 마음의 품앗이다. 그 시스템이 없으면 야만의 국가다. 정부란 게 뭔가. 그 시스템을 감동적으로 만드는 집단 아닌가.

슬픔은 좀처럼 이성적이거나 합리적이지 못하다. 쉬 부풀려지고 왜곡되기 쉽다. 결국 슬픔을 지켜보는 사람들이 슬픔의 강도를 객관화시켜줘야 한다. 슬픔을 당한 자가 자기 슬픔을 설명하도록 방치해선 곤란하다. 세월호는 자기 슬픔을 주장할 수는 있어도 독점할 수는 없다.

단군 이래 형언할 수 없을 정도로 많은 참변이 있었다. 임진왜란

때 애꿎게 죽은 양민, 조선조 탐관오리 때문에 굶어죽은 민초들, 일제강점기 고문 받다가 죽은 독립운동가, 일본군 강제 위안부 할머니, 6·25전쟁 때 보도연맹 사건 등으로 학살된 양민, 서해 카페리 침몰, 삼풍백화점 붕괴, 대구지하철 화재, 대구 상인동 가스폭발, 고엽제에 걸린 파월 장병, 소년소녀가장……. 그 슬픔은 현재진행형이다. 그 관계자 모두 세월호 슬픔을 바라보고 있다. 세상살이가 기쁨이 하나라면 슬픔은 백이다. 그래서 기쁨은 항상 표정관리를 해야 된다.

지금 진정 '내 슬픔만이 진짜 무겁고 너의 슬픔은 한없이 가볍다'고 누가 항변할 수 있을까.

촛불, 그 이후

 주머니가 없는 옷이 있다. 배냇저고리와 수의다. 생전에 우리가 입는 옷에는 모두 주머니가 달려 있다. 거기에 욕심이 담긴다. 그 욕심이 가슴으로 옮겨가면 욕망이 된다. 너와 나의 욕망이 공공선에 부합되고 소통되고 균형되는 것, 이게 자유민주주의의 요체다.
 촛불은 반헌법적이면서도 초헌법적인 거사로 보인다. "법치를 부정하는 그 어떤 특권도 용납하지 않겠다."는 시대의 요청이랄까. 우리의 법치가 그동안 얼마나 강자 독식이었는지 촛불은 잘 안다. 청년백수, 비정규직 등 흙수저의 탄식이 특권층에 보낸 사약이기도 하다. 우린 비로소 자기 욕망을 100% 표현할 수 있게 됐고, 생각이 다르다는 이유로 타인을 보복·테러하지 않을 정도로 성숙됐다. 촛불은 이제 정치의 범주를 넘어섰고 누구에겐 레저, 패션, 축제다.

 지난 시절의 민의는 보복되고 학살됐다. 목숨을 걸어야 반체제 발언을 할 수 있었다. 지금은 무슨 발언도 다 허용된다. 그렇기 때문에 습관적, 정파적, 선동적 촛불을 우리 모두 경계해야 된다. 촛불은 정의의 보루이지 정치의 보루는 아니기 때문이다.

촛불 민주주의를 넘어 일상 민주주의여야 한다. 일상이 촛불보다 더 무섭고 냉엄하다. 촛불은 성공했지만 자기 일상은 망할 수도 있다. 촛불은 차기 지도자의 일거수 일투족도 지금처럼 감시해야 된다. 돈, 학력, 취업 때문에 절망하는 사람이 없게 하고 불로소득 제로국가를 만들어야 된다.

촛불을 들고 거리로 나온 시민 모두가 지고지순한 것도 아니다. 파렴치하고 패륜적인 사람, 특권을 비판하면서도 더 특권적으로 사는 인사도 있을 것이다. 촛불 시민이라면 자기 일상도 잘 성찰해야 된다. 누구를 심판했듯 그 정신으로 저 자신도 잘 성찰해야 된다. 우쭐해진 나머지 촛불은 절대적이고 무소불위라고 생각하면 곤란하다. 자칫 권위주의 촛불이 될 수 있다. 촛불은 누구가 아니라 모두의 몫이기 때문이다. 탄핵 반대를 외치는 보수의 소수의견까지도 배려·포용하는 불빛일 때 더 미래지향적이고 더 숭고하게 번져갈 것이다.

촛불이 억측의 산물이어서도 곤란하다. 모두가 공인할 수 있는 사실 위에서 타올라야 된다. 우기고 주장하는 건 너무나 쉽다. 하지만 이성적이고 합리적으로 진실을 밝히는 건 너무나 어렵다. 악의적 여론일수록 어떤 사실을 왜곡하는데 채 1초도 걸리지 않는다. 스마트폰에 힘입은 SNS 세상인 탓이다. 촛불이 주장과 의견, 억측과 선전, 선동과 루머에 편승하면 비극의 불이 될 수 있다. 한국이 그런 지정학적 위치에 놓여 있기 때문이다. 한국 역사상 최악의 변수이기도 한 북한 때문이다. 설상가상 북한 옆에는 중국과 미국이 저승사자처럼 호시탐탐하고 있기 때문이다. 거기에다 일본까지.

북한을 대입시키면 그 어떤 질서도 무질서로 파괴된다. 이게 우리의 운명이니 어쩌랴! 북한 앞에선 진보조차 사생결단적으로 갈라진다. 심지어 일부 보수단체는 촛불을 간첩의 소행으로 단정한다. 다른 변수 앞에서는 타협이 가능하지만 북한이란 최악의 변수 앞에서는 서로 저주하는 보수와 진보다.

솔로몬이라도 절대 풀지 못한다는 남북문제. 우리 헌법은 북한을 적으로 단죄한다. 북한도 우리를 적으로 단죄한다. 이게 현실이다. 적으로 상호 부정하는 남과 북이 굳이 통일할 필요가 있을까. 북한 주민하고만 통일하고 김정은 정권과는 전쟁을 해야 될까. 그럼 그 정권이 우리를 가만 둘까.

촛불은 희망이지만 속을 들여다 보면 정국은 절망으로 가는 것 같다. 광복에서 6·25전쟁 어름의 좌우 갈등 시국과 별반 다를 바가 없다.

당신의 욕망은 안녕하신가

　인류는 그동안 자기 욕망을 이룬다는 게 얼마나 어려운 것인지 절감했다. 원시시대 때는 천재지변, 중세 때는 신, 자본주의 때는 자본이 자기 욕망처럼 비쳐졌다. 이젠 스마트 세상, 인간의 욕망이 기계의 욕망으로 대체중이다. 요즘 젊은이들은 스마트폰이 자기 욕망의 실현도구라고 믿는다. '스마트폰을 쥔다. 고로 나는 존재한다'고 믿는다. 자기 욕망에 둔감해지니 다들 무엇을 하고 싶은지 모른다. 공교육이 자기 욕망 찾기를 방해한 것이다.
　부처와 예수는 모르긴 해도 인류 최초로 자신의 욕망을 정확하게 간파한 것 같다. "자기 욕망의 주인공이 되는 것, 그게 인류 최고의 혁명이다."고 신지학자 크리슈나무르티는 말했다.
　남의 욕망에 충실한 사람일수록 더 권위주의적이다. 용서와 배려보다 시기, 질투, 복수, 저주에 길들여져 있다. 대화보다 주장에 솔깃하다. 역지사지하는 힘도 허약하다. 물정과 실정, 본심과 진심을 제대로 구별하지 못한다. 소비적인 것을 문화적인 것으로 착각한다. 남자는 허세, 여자는 허영의 포로가 된다. 패배감이 트라우마를 만든다. 항상 한 방을 기다린다. 이런 기질을 가지고 있을수록 히틀러 같은 독재자의 출현을 은근히 바란다.

  보수와 진보도 마찬가지다. 진보는 남의 욕망 무시하기, 그게 자기 욕망이다. 툭하면 '그래도 박정희, 전두환 시절이 좋았다'는 이들이 있다. 가난에서 해방시켰고 장사하기 좋아서 그렇단다. 그 논리는 너무나 생계지향적이다. 경제지상주의는 독재를 부른다. 하지만 문화지상주의로 건너가면 국민정신보다 시민정신이 더 소중해진다. 국민은 그럴듯해 보여도 타자 욕망시절의 상징물이다. 시민은 남보다 자기욕망에 천착한다. 경제지상주의 시절엔 욕심, 문화시대로 오면 욕망이 주인 행세를 한다.
  이제는 욕망의 시절. 하지만 문제는 자기욕망보다는 타자의 욕망을 더 섬긴다는 것, 타자의 욕망은 자본주의의 속물성과 직결된다. 카더라 방송, 스타 마케팅에 쉽게 휘둘린다. 유능한 것과 유명한 것의 차이를 분간하지 못한다. 축재를 기부보다 더 중시한다. 물건보다는 상표, 마음씨보다 맵시를 더 중시한다. 진실보다 진리, 성실보다 성공을 더 섬긴다. 진리도 해묵은 개념이다. 진리도 타자욕망 시대의 산물이다. 이젠 진리보다 진실이 더 값어치 있다. 진리는 자신을 합리화할 수 있다. 진실은 자기욕망을 정확히 간파했을 때 정립된다. 진리는 증명불가다. 그래서 과대망상적 운동가가 선호한다. 진리는 협상불가. 진리끼리 대립하면 비극이 생긴다.

진정한 지도자라면 승리를 독점하지 않는다. 멸사봉공이 리더의 덕목이 아니라 모두의 몫이란 걸 안다. 누구나 장수와 병졸이 될 수 있다는 걸 안다. 그런 세상에서는 나쁜 자리도 높은 자리도 없다. 고정관념, 관행, 편견도 설 자리를 잃는다.

세계적 희극배우 찰리 채플린은 "세상사는 멀리서 보면 희극이지만 가까이 가보면 비극이다."고 하였다. 지금 우리의 삶도 마찬가지다. 도시의 야경은 부유해 보이지만 서민의 삶은 곡소리 투성이다. 상당수 학생들의 근육은 공부하는 근육밖에 없다. 그러니 부모가 자식을 봉양하는 형국이다. 그런 나약한 근육을 가진 청년에게 맞는 직업은 무엇일까.

1992년에 등장한 서태지는 자기욕망의 시대를 선포했다. 2008년 「싸구려 커피」란 노래로 청년백수의 한을 대변했던 가수 장기하, 둘의 기운을 합쳐 2013년 뽕짝 블루스 가수로 등장한 김대중씨. 그가 부른 「불효자는 놉니다」란 노래를 음미해 보시길. 남의 욕망 시대에는 불효자는 울었다. 하지만 자기 욕망의 시대에는 논다. 잘 노는 게 삶의 최대 승부처인지도 모른다. 자기욕망당의 불효자, 그가 남의 욕망당의 효자보다 더 당당해 보이는 세상이 과연 올까.

열대야 인문학

좀 잤는가 싶었는데 깨어보니 아직 오전 2시 40분, 실내 온도는 무려 30℃. 부리나케 샤워를 했지만 몸에 잠시 붙어있던 찬 기운은 쉬 증발해버린다. 다시 잠이 오지 않는다. 냉장고 문을 또 열었다. 얼음판을 통째로 비닐팩 안에 집어넣었다. 목덜미에 갖다 대고 얼음찜질을 했다. 결국 에어컨에 선풍기까지 가동했다. 러닝셔츠도 벗어버린 야심한 밤, 잠은 달아나고 나는 무슨 악령처럼 거실 바닥을 혼자 뒹굴거리고 있다. 내가 꼭 아프리카 원주민이 된 기분이다.

찌리릭~. 그 순간 정원의 담 밑에서 서늘한 소리가 솟구쳐 거실 창문을 두드린다. 초롱거리는 수은 빛깔의 귀뚜라미 소리다. 그 금속성 소리는 저승사자가 이승의 사정을 염탐하는 블랙박스의 센서 같았다.

갑의 열대야와 을의 열대야, 갑자기 그런 구절이 생각났다. 열대야에도 빈익빈 부익부가 있을 것 같다. 더위야 만인한테 공평하고 공정하게 다가서겠지만 그걸 맞이하는 방식의 현실은 꼭 그렇지만은 않은 것 같다.

　노숙자는 지금 어떤 열대야를 헤엄치고 있을까. 엄청난 빚 때문에 집으로 돌아갈 수 없는 파산자의 열대야는 어떨까. 혼미하고 혼곤하고 그러면서도 외롭기만한 그 후미진 독거노인의 열대야는 어떤 위세일까.

　아무튼 단군 이래 초유의 열대야 사태인 것 같다. 열대야는 이제 객이 아니라 주인이 된 것 같다. 자연한테는 한없이 불리한 현재 인류의 생활패턴을 볼 때 이 가공할 만한 열대야는 자연의 인류에 대한 대대적인 선전포고의 서막인 것 같다.

　그런 통계수치가 연일 공개되고 있다. 미국해양대기청 자료에 따르면 한반도 주변 해수의 평균 온도는 30℃에 육박했다. 벌겋게 달궈진 바다의 사진, 핵폭탄보다 더 섬뜩했다. 자연과의 원원계약을 파기한, 오직 인간 마음대로의 편리문화를 추구한 것에 대한 '자연의 응징'이 본격화됐다는 시그널이 아닐까. 기상학자에 따르면 바다는 달궈진 지상의 열기 90% 이상을 식혀 주는 역할을 하고 있다고 한다. 그런데 올해 붉게 칠해진 바다는 바다의 쿨 다운 기능에 무리가 있다는 걸 암시한 것, 바다가 육지를 식혀 주지 못하면 우린 상상을 초월하는 '슈퍼열대야', 한겨울에는 '슈퍼냉대야'를 각오해야 된다는 메시지다.

　우리 기상청도 "2070년쯤 한국의 여름은 5월 12일~10월 10일 무려 152일로 늘어날 것이다."고 전망했다. 한국의 여름이 최악의 열섬으로 변할 것이 대략난감한 더위에 대한 해법이 오직 에어컨일까.

에어컨 사회는 또 다른 비극의 시작일 뿐이다. 이 열대야는 자연이 인간을 공격하는 게 아니다. 인간이 인간을 향해 벌이는 살육극이다. 자연은 하나의 균형이다. 그 균형의 인문학적 표현이 바로 중용中庸이다. 그 중용이 정의, 정직, 공정, 평등의 덕목으로 심화되는 것이고 그 연장에서 인간의 자유도 자연의 중심에 도달하는 것이다. 자연이 곧 자유인 것이다.

그런데 이 자본은 브레이크가 없다. 더욱 많은 이익을 위해 상상을 초월하는 온실가스를 배출하기에 이르렀다. 다시 말해 자업자득 열대야다. 인류가 친자연적으로 대변신하라는 경고다. 어쩌면 자연이 인간한테 보내는 최후통첩인 것 같다.

만성 미세먼지에 첨가된 만성 열대야. 우린 그걸 주홍글씨처럼 품고 살아야 하는가. 스마트폰이 우리 일상을 빛의 속도로 편리하게 분칠하는 사이, 자연은 더 이상 천사의 모습이 아니라 악마의 표정으로 급변 중이다.

이 자본주의의 무한경쟁시스템을 다시 성찰해봐야 될 날들인 것 같다. 존 레넌의 「Imagine」을 이렇게 바꿔 불러본다. "차가 없다면, 콘크리트집이 흙집으로 변한다면, 도로가 흙길로 변한다면, 1회용품이 사라진다면, 우리는 천국의 자연을 볼 수 있을까~."

아무리 생각해도 그럴 가능성이 없어 보이는 대책 없는 열대야의 밤이다.

미투

　성性. 누군 성을 우주의 꽃이라고 했다. 남녀의 성. 그게 충돌한다는 건 빅뱅. 실로 어마어마한 사건이다. 한 생명이 태어날 수 있는 대전제, 성에는 우열도 없고 고하도 없었다. 인류는 그런 성의 찬연하고 경이로운 가치 때문에 감히 돈으로 환산하려 하지 않았다. 순결과 정조는 성의 양대 덕목이었다. 극치적 의미의 성은 거기까지만 유효했다.
　어느 순간 성도 때가 묻고 사회화되어 갔다. 유산, 피임약, 인공수정 등으로 인해 성은 자연산에서 양식의 범주로 추락하기 시작한다. 세속(시장경제)의 공간으로 틈입하면서 악마의 시간도 함께 몰고 왔다. 권력이란 물건이 생겨나면서부터 성은 하나의 목적이 아니라 수단(상품)으로 전락하게 된다. 뇌물로 진상되기도 하고 거래되기도 했다. 천사표 성 옆에 악마의 성이 편승한 것이다.
　성이 교묘해지고 조건의 존재로 추락하기 시작했다. 성이 심지어 살의를 띠기 시작한다. 여성의 성은 묵살되고 남성의 성만 활개를 쳤다. 남성의 성욕을 위해 여성의 성이 징발되기 시작한다. 모 대통령은 "아랫도리 이야기는 고려치 않겠다."고 말하기도 했다. 조선조 양반은 '1처3첩'이 묵인되었다. 결혼한 뒤 아내는 성적 대상으로 존중받지 못했다. 선비의 성적 상대는 아내가 아니라 오히려 기생이었다. 고을 사또 정도면 합법적으로 관기로부터 수청을 받을 수 있었다. 춘향이는 그 수청을 거부해 옥고를 감내해야만 했다. 연산군은 기생문화 활성화를 위해 국고를 탕진한다. 거국적 주지육림을 위해 채홍사採紅使를 통해 홍청興淸이란 기생을 색출해 왔다. 그 시절에 과연 미투가 성사될 수 있었을까.

　아이는 성장하면서 성의 늪을 건너가야만 한다. 수컷과 암컷은 이때 엄청난 진통을 겪게 된다. 자신만이 알고 자신만이 감내할 수밖에 없는 한갓 트라우마를 갖게 된다. 그 상처가 누룩처럼 작용해 수컷은 남성, 암컷은 여성이 될 수 있다. 그 여성과 남성이 교합해 낳은 자식이 혈연이란 쇠사슬에 묶일 때 비로소 그들은 한솥밥 인연, 식구가 되는 것이다. 식구의 범주에 도달한 성은 고단한 행로를 끝내고 차츰 충동적인 성욕의 굴레에서 벗어나게 된다. 하지만 이건 평생 세거지 대가족 안에서 살다 가야만 했던 농경사회에 국한된 건지 모른다. 산업화 과정에 많은 이들이 성공과 출세를 위해 도시로 몰려들었다. 익명의 도시, 유부남과 유부녀는 그 세속도시의 삶 속에서 예상치도 못한 성의 유혹에 감금된다. 아직 봉오리도 맺히지 못한 성은 노동3권이 보장되지 못한 음습한 공장 기숙사 등에서 동사해버리기도 했다. 수컷들이 통제하고 있던 그 시절 사법은 그걸 통제하지 못했다. 시민이 여론을 주도할 수 없던 시절이라서 더 그랬다. 갑이 연대해 쉬쉬하면 그대로 묵살됐다. 그래서 모든 남자의 성은 불문가지였다.

출세를 향한 여가수, 여배우 등은 더더욱 자기 성의 결정권자가 아니었다. 성상납이 공공연하던 시절이었다. 정치인, 대기업 회장 등 갑의 성적 일탈은 그들의 전리품으로 치부되기도 했다. 을의 성적 일탈에만 철퇴를 가했다.

이젠 아니다. 최상위포식자는 스마트폰을 거머쥔 다중(Mass)이다. 그들은 아니다 싶은 그 누구도 아웃시킬 수 있다. 미투는 성의 몰락이 아니다. 새로운 성문화의 터닝포인트다. 도덕적 기반이 없는 리더십과 명성이 무의미하다는 걸 증명해 보여줬다. 알파걸들은 권력 위에 성도덕이 있다는 걸 힘 있는 자에게 경고한 것이다. 장사에도 상도의가 있듯 성도 성도의性道義가 있어야 한다는 걸 알려줬다. 누군 그걸 앙시앵 레짐, 즉 남성 독점의 구체제 성문화의 붕괴라고 했다.

기부역을 아시는지?

　우린 부자를 부러워하면서도 터부시한다. 없는 자는 있는 자를 대수롭지 않게 여긴다. 그래서 그런지 있는 자도 없는 자를 멸시한다. 부자가 뭘 내놓고 싶어도 구설수에 오를까봐 머뭇거린다. 이것도 하나의 고질병이다. 부귀공명富貴功名이라 했다. 돈이 오죽 중요했으면 만사의 첫 자리를 차지했을까.
　부자도 두 부류가 있다. 음지형과 양지형. 음지형은 졸부급, 양지형은 전 재산을 사회에 환원한 유한양행 창업자 유일한처럼 부를 성스럽게 굴린다. 프로급 부자들은 자신이 얼마나 많은 사회적 부채를 졌는지도 잘 안다. 내 돈이 아니고 우리 재산이라고 믿기 때문이다. 부자 소리를 들으려면 얼마를 가져야 할까?
　미래에셋증권 자산운용컨설팅본부의 한 관계자에게 물어봤다. "대구 같으면 100억원대, 서울 같으면 1천억원대, 미국 같으면 1조원" 정도란다. 버는 것보다 관리가 더 힘들다고 했다. 부를 지키는 매뉴얼은 무얼까? 일단 WT(World Trend)를 감지해야 한다. 부호들은 지구상에서 가장 빠른 정보가 있는 신문을 부적처럼 섬긴다. 책만 붙들면 문약文弱해지기 쉽고 시장을 잃기 쉽다.

초등학교 졸업이 학력의 전부인 일본 다나카 총리, 그의 저력도 신문에서 기인했다. 무려 5년간 단 하루도 빠지지 않고 주요 일간지를 정독했다.

하지만 신문도 해결해줄 수 없는 게 있다. 바로 권력이다. 부자들은 생리상 권력을 지근거리에 두려고 한다. 온갖 고품격 단체도 품어야 한다. 지역의 경우 로타리클럽, 라이온스클럽, JC 등에서 행세 못하면 파워게임에서 점점 밀린다. 거기서 봉사활동도 할 수 있지만 궁극적으로는 사업을 급성장시키고, 위기에서 구해주는 수호천사도 만날 수 있다.

천신만고 끝에 이룩한 부, 하지만 우리 부자들은 부에 너무 잘 걸려 넘어진다. 부의 양면을 잘 보지 않는 탓이다. 부한테도 양날의 칼 같은 권리와 의무가 있다. 경주 최부자는 부의 의무를 더 잘 실천해 재산을 잘 보전할 수 있었다. 번 것의 3분의 1만 내 것이라 보았다. 부귀공명의 마지막 단계는 뭘까? 이름, 즉 명예를 얻는 것. 돈만 갖고는 존경은 없다. 명예는 자칭이 아니라 타칭이다. 우린 돈만 벌면 땡땡땡 종을 친다. 그때부터 시작인데, 우린 그 다음에 뭘 할 건지 안 묻는다. 그러니 졸부가 속출하는 것이다. 돈이 명예의 전당으로 진화하지 못하면 독이 된다. 패가망신할 수 있다.

기부가 뭔지 몰랐던 마이크로소프트 창시자 빌 게이츠. 그가 세계적 기부왕으로 등극할 수 있었던 건 아프리카의 굶주린 아이들에게 충격 받은 아내 멜린다의 충고 한 마디 때문이었다.

"사회적 약자가 당신처럼 일어설 수 있도록 기부해보세요."

그렇게 해서 2000년 빌&멜린다 게이츠 기부재단이 생겨난다. 대단한 빌 게이츠가 훌륭한 빌 게이츠로 추앙받는 순간이었다.

부자도 서열이 있다. 존경 받으려면 더 많이 기부해야 한다. 지금도 미국 등 주요 선진국 부자들의 명예는 재산규모가 아니라 자선과 기부액에서 나온다. 그러나 우리는 재산규모에 혹한다. 우리의 부는 아직 측은지심이 약하다. 위대한 사업가는 사업보다 사명을 판다. 사명을 알아야 부의 종착역에 올 수 있다. 그 역의 이름이 바로 기부역寄附驛이다. 이제 아너스클럽이 생겨났지만 얼마나 많은 국내 부호들이 진정 그 기부역으로 달려갈까?

국화와 칼

천황을 신과 동격으로 믿고 그 신을 위해 '덴노헤이카 반자이〔天皇陛下萬歲〕'란 구호를 외치며 기꺼이 자살비행을 한 가미카제 특공대, 연합군이 일본을 접수하자 벌떼 같이 항전할 것 같았는데 하루 아침에 얌전한 바둑이처럼 알아서 기어버린 이 이율배반적 섬나라 민족성을 미군은 도저히 이해할 수 없었다. 즉각 정신분석에 돌입한다. 미국 전쟁공보청 해외정보 책임자로 일하던 인류학자 루스 베네딕트는 국무부로부터 일본의 국민성에 대한 연구를 의뢰받는다. 그 결과물이 1946년 출간된 유명한 『국화와 칼(The Chrysanthemum and the Sword)』이다. 일본은 겉으로 국화처럼 평화로워 보이면서도 때가 되면 칼처럼 일어날 수 있다는 말이다.

국화와 칼의 포장지는 야마토마다시이〔大和魂〕, 한국의 한(恨)과 비슷한 일본의 와〔和〕 사상을 주창한 건 604년 아스카 문화를 연 쇼토쿠〔聖德〕 태자다. 와를 분석하면 일본이 보인다.

현대 일본의 기본틀은 에도시대(1603~1867)에 갖춰진다. 철저하게 계급사회여서 튀면 죽는다. 북한처럼 오가작통법처럼 5가구가 공동책임을 진다. 세금도 5가구 공동으로 낸다. 실수하는 약자는 집단따돌림, 즉 이지메를 당해 축출된다. 이지메 역시 와의 산물이다. 여기서 자기분수가 목숨보다 더 소중하게 섬겨지게 된다. 자기에게 허용된 범위를 절대 벗어나지 않는다.

부모는 아이에게 초등학교에 들어가면 '다닌니 메이와쿠오 가케루나(남에게 폐를 끼치는 일을 하면 안 된다)'를 각인시킨다. 미리 상대방 마음을 헤아리는 걸 '기쿠바리'라 한다.

한 사람에게 맡겨진 몫을 '이치닌마에〔一人前〕'라 한다. 내 것, 네 것 계산이 분명한 상업사회였던 일본에선 신용과 정직은 최고 덕목이다. 자녀들은 결혼할 때까지는 부모 집에 살지만 취직하면 부모에게 자신의 생활비를 내야 한다. 자식이 결혼 후에도 부모한테 손을 벌린다는 것 일본에선 상상도 못한다.

자연 국민들이 규격화된 인격체로 굳어진다. 그래서 속마음을 직설적으로 내쏟지 못한다. 진심을 속으로 감추는 혼내〔本音〕와 겉마음인 다테마에〔立前〕가 양립할 수밖에 없다. 계약 할 의사가 없으면서도 상대를 배려해서 그 제품이 탁월하다고 칭찬 해준다. 대화할 때도 나루호도(그렇구먼)라면서 맞장구를 잘 쳐준다. 일본문화에 전무한 한국인은 그걸 상대가 자기를 인정한다는 걸로 착각한다.

와문화는 자연 온(恩)문화를 낳는다. 한국의 정쯤으로 보면 된다. 그래서 오카에시(답례) 문화가 득세한다. 그래서 세계 최고의 연하장

문화가 정착된다. 1997년 일본 우정성 통계에 따르면 국민 1인당 모두 32장의 연하장을 보냈다고 한다.

겉으로 드러난 일본은 초록동색, 하지만 내부로 들어가면 제각각. 자기 영역만 지켜야 되니 사람들은 안으로만 깊이 파고든다. 그래서 오타쿠(마니아)가 많은 것이다.

여기서 싹싹하고 나긋나긋한 일본 특유의 친절한 행동인 야사시도 태어난다. "스스로 만든 틀에 얽매이지 말고 자신에게 이로운 것은 자유롭게 받아들이라."는 쇼토쿠 태자의 가르침이다. 이는 종교는 물론 모든 분야에 해당된다. 이른바 습합사상習合思想이 태어난다. 자연 남의 걸 일본 걸로 만드는데 귀재가 된다. 승용차 조수석 천장 손잡이도 일본의 아이디어.

잇쇼겐메이(一生懸命)란 말도 일본 근성을 단적으로 보여준다.

1700년대 초 극심한 불황이 그걸 잉태시킨다. 사상가 이시다 바이간(石田梅岩)은 '일 자체가 수행'이라면서 댓가없는 노동의 소중함을 가르쳐 큰 반향을 불러 일으킨다. 그 때문에 세키몬 신키쿠(石門心學)가 형성된다. 이로인해 임금에 상관없이 자기의 대다수 시간을 일에 집중하게 했고 명품이 태어날 수 있었다. 그런 정적 문화 토대를 딛고 일본 고유의 문화적 전통미의식인 와비(侘)·사비(寂)가 태어난다.

와비는 '덜 완벽하고 단순하며, 본질적인 것', 사비는 '오래되고 낡은 것'을 의미한다. 일본식 여백의 미라고 보면 된다.

한국 관광객은 일본의 친절과 장인정신에 연신 감탄이다. 그건 일본의 꽃(외형)만 본 것이다. 속에 숨은 칼은 역사교과서 왜곡과 극우파의 망언 같은 데서 엿볼 수 있다.

　세계2차대전에 승리한 미군이 일본 칼에다 자물쇠를 채워놓았다. 그런데 최근 일본 극우파는 그 칼을 군국용軍國用으로 쥐기 위해 쥐도 새도 모르게 칼집에서 빼내고 있다.

위코노미

어느 날 신성神聖이 죽었다. 중세도 죽었다. 그 자리에 시민과 자본이 파고든다. 자본이 노동을 사육하기 시작한다. 마르크스의 『자본론』은 "자본주의 체제는 무너지고 노동자 계급이 권력을 장악하게 된다."고 예언했다. 노동조합도 가세한다. 하지만 자본과 노동은 이데올로기란 슈퍼박테리아에 감염된다. 총구를 서로에게 겨눈다. 자본도 이념도 폭압적이었다. 노동만 만신창이가 된다. 빈익빈 부익부 사태를 막을 수 없었다.

20세기 초 대공황 직후 나온 수정자본주의는 빈부 격차 통제권을 정부에 넘겨준다. 고전자본주의가 수정자본주의로 변신한다. 1970년대 석유파동 이후 다시 개인과 시장이 자본주의의 주역으로 부활된다. 약자의 소외가 사회적 문제로 대두된다. 바로 신자유주의의 모순이었다. 베를린 장벽 붕괴 등에서 보듯 "이념경쟁도 끝났다."는 의미로 역사철학자 프랜시스 후쿠야마는 1989년 '역사의 종언'을 고한다. 1980년 엘빈 토플러는 『제3의 물결』이란 미래서를 내놓는다. 세상은 완력腕力·금력金力을 거쳐 지력知力 세상에 진입한다. 지력세상은 바로 정보화사회. 생산·소비의 경계가 허물어졌다. 스마트폰은 몸과 마음, 혼까지도 디지털 신호로 버무린다. 상상이 곧 현실이 되는 유비쿼터스 세상이다. SNS로 인해 지구의 모든 정보가 공유된다. 이로 인해 권위주의의 망령도 축출 중이다.

재벌의 갑질문화와 정치적 몰염치도 조만간 붕괴될 것이다. 모두 속을 만큼 속고 당할 만큼 당했기 때문이다. 준법정신까지 구축된다면 우린 단군 이래 처음으로 위코노미를 갖게 될 것이다.

세상에는 세 종류의 경제가 있다. 나뿐인 미코노미(Meconomy), 너뿐인 유코노미(Youconomy), 나와 너를 동시에 챙기는 위코노미(Weconomy)이다. 미코노미에서는 있는 자, 유코너미에선 없는 자의 목소리만 들린다. 둘 다 치명상을 입었다. 유코노미는 있는 자를 외면하는 바람에 효율성 폭락으로 가난공화국으로 추락해버렸다. 위코노미는 불통과 소유가 아니라 소통, 공유공화국을 추구한다.

"노동 없이 자본 없고 자본 없이 노동도 없다."고 외친다. 꿈과 일이 돈을 통제한다. 직장과 재산이 종착역이 아니다. 재산 갖고 뭘 했는가를 구체적으로 따진다. 최고 80%대의 누진세율이 작동돼 빈부격차도 현격히 줄어든다. 그러나 국세청은 아직 소득자료를 완전히 공개하지 못하고 있다. 제대로 된 누진세율 정책이 어렵기 때문이다. 덫에 빠진 자본과 노동을 구출하기 위해 모두 나선다. 망해도 기본생활은 가능하고, 재기가 쉽다. 공공복지가 밀착동행한 때문이다. 인문학적 소양까지 일상화돼 부자는 오만하지 않고, 기부경쟁을 더 즐긴다. 기부액이 곧 인격인 때문이다. 모두 영원한 부자가 없다는 걸 자각한다.

고려대학교 경영학과 장하성 교수의 『한국의 자본주의』에서 "자본은 정의로워야 한다. 자본이 만들어 내는 온갖 문제는 자본이 아니라 자본을 가진 사람이 만드는 것이다."고 하였다.

무한경쟁시절, 재벌 CEO도 안 망하려고 악을 쓴다. 노동자는 안 잘리려고 애를 쓰고, 청년백수는 취업에 목을 맨다. 따지고 보면 모두 을의 신세다. 서로 인정, 긍정, 배려하지 않을 수 없다. 스마트폰 공화국을 만들고 즐거운 비명을 지르는 재벌부터 각오해야 한다.

당신은 아직도 미코노미와 유코노미 사이를 배회하고 있는가. 아니라면? Now Weconomy!

야구공

 야구공을 자세히 살펴보라. 거기에 백팔번뇌가 점점이 박혀 있다. 야구공은 코르크 심 위에 고무를 덧씌워 청회색과 흰색의 모사毛絲를 감고, 다시 그 위에 면겹사를 감는다. 여기에 적색사로 108번 바느질해 흰색 가죽 두 쪽을 이었다. 왜 108번 기웠을까?

 야구공의 22.9~23.5㎝ 둘레에 도사린 백팔번뇌. 어떤 선수에겐 걸림돌, 또 어떤 이에겐 디딤돌이다. 그 번뇌에서 벗어나기 위해 선수들은 겨울에도 다음 시즌을 그리며 지옥훈련을 감내한다. 타자들이 가질 수 있는 무기는 물푸레나무를 45℃에서 40일 이상 건조해 길이 106.7㎝, 지름 7㎝ 이하, 무게 900그램 안팎의 배트 한 자루. 그걸 들고 담장 너머 쳐내면 환희의 시간이 도래한다.

 가로 61㎝×세로 15㎝의 고무판을 딛고 선 투수의 마음은 늘 변화무쌍. 던진 공도 따지고 보면 또 다른 투수의 눈동자가 아닌가. 그 눈동자를 정확히 바라본 타자만이 투수를 제압할 수 있다. 공이 타자의 감시망을 피해 캐처 글러브 안으로 들어가버리면 타자는 다음

기회가 올 때까지 근신해야 한다. 저 공 하나가 경기장에 있는 자들을 울게도 웃게도 만든다.

타자들은 사춘기를 맞은 젊은이처럼 홈을 벗어나려고 안달이다. 홈플레이트를 보라. 5각형, 꼭 우리네 집처럼 생겼다. 모든 주자들은 홈런, 안타, 데드볼, 포볼이든지 진루하면 모두 집으로 돌아오기 위해 안달이다. 이 얼마나 아이러니한가.

홈으로 무사 귀환하는 선수가 꼭 사회생활(진루)을 무사히 끝낸 뒤 정년을 맞은 가장 같다. 홈런으로 단번에 모든 루를 프리하게 밟고 대박처럼 집으로 돌아오는 이도 있지만 대다수는 저승사자 같은 적군의 견제를 피해 천신만고 끝에 귀향한다. 때론 제 잘못으로 홈도 못구경하고 강제 송환되기도 한다.

푸른 잔디와 홈이 깔린 야구장을 내려다 보니 갑자기 톰 존슨이 부른 「Green green grass of home」이 생각난다.

5
꿈과 일

겸손이라는 감옥

　겸손은 설계도가 없다. 어떤 고매한 인품은 설계할 수 없다. 겸손은 어떤 물건의 질감이 아니라 격格이다.
　종손과 종부의 얼굴은 진중하고 말갛다. 가야금이 아니라 거문고 같다. 지구로 망명 온 달 같다. 달빛의 형식은 가야금 소리같지만 그 내면은 정말 묵중해 거문고 소리를 닮았다.
　품이란 건 단정함에서 시작된다. 잘 숙성되면 단아해진다. 단아해짐이 빛을 발하면 귀해진다. 그 귀함이 멋을 만든다. 멋은 인격을 담는 스타일이다. 아니 인품의 문체다. 멋의 정점, 그게 카리스마다. 최고의 메이크업이 최고급 화장품이 아니 듯 최고의 표정은 분칠하고 꾸미는 데서 나오는 게 아니다. 사색과 성찰은 내면의 표정을 완성시키는 전제조건이다.
　작가의 글이 필압筆壓의 정점을 찍으면 자연스럽게 문체를 얻게 된다. 그 문체가 사물의 겸손이다. 뭔가 겨냥하고 인과논리를 강조하면 문체가 형성되지 않는다. 문장 이전, 문장 이후가 바로 문체의 자리다. 그건 배울 수도, 배워줄 수도 없다. 고고하고 심원한 달빛의 문체를 우리가 어떻게 제조할 수 있겠는가.

  때론 은둔과 관망이 누룩 구실을 한다. 분주함과 성실함만으로는 명품으로 건너가지 못한다.

꿈과 일

　때로는 일이 우주보다 한 수 위라는 생각이 든다. 우물 안 개구리 아저씨가 국제공항 검색대를 통과하는 순간이거나, 셔터맨 아저씨가 새벽 경매 현장에 갇히는 순간이거나……. 평소 그렇게 광대무변해 보였던 우주도 순식간에 쩌렁쩌렁한 기세의 현실 앞에서 혼비백산하고 만다. 살다보면 현실이 우주보다 더 초월적인 것이기도 한다.
　18세기 영국에서 산업혁명이 일어나기 전 대다수 사람들은 직업이 무엇인지 몰랐다. 신분의 덫에 갇혀 있었다. 오직 형벌 같은 노동만 있고 꿈은 오직 그것으로부터의 탈출이었다. 꿈은 특권층의 전유물이었다.
　1960년대는 밥을 굶지 않는 게 유일한 꿈이었다. 아이들은 땔감 때문에 학교 대신 산으로 등교했다. 대다수 부모에게 공부는 사치였다. 자유와 성공이란 개념조차 부재했다. 그렇게 사람들은 고향에서 태어나 고향에서 찌들어 살다가 고향에서 삶을 마감했다. 70년대로 접어들면서 사람들은 조금씩 일과 꿈의 함수관계를 알게 된다. 모든 부모가 자식 공부에 올인한다. 팔자를 고치기 위해서다. 모두 판·검사를 연호했다. 그게 되는 날은 고생 끝이라고 믿었다. 고관대작에게 뇌물을 주고 굽신거리는 국민이 지천으로 깔려 있었기 때문이다. 꿈은 야욕과 욕심으로 변질되었다. 어느 날부터 사람들은 일을 전제로 꿈을 꾸는 게 아니라 꿈꾼 일을 찾기 시작했다.

성공은 꿈과 일이 일치하는 것, 그런 일 속에서는 "직업에 귀천이 있다."는 말도 사라진다. 서로가 서로에게 측은지심을 느끼면 특권이란 단어도 사라진다. 누가 누구에게 군림한단 말인가. 꿈이 일이 된 사람의 가슴에는 누구를 탓하고 시기하고 질투하는 마음도 사라진다. 평화로워진다. 평등의 마음이다. 벤츠씨와 철가방아저씨의 눈높이 대화도 가능하다. 어떤 날이 아니라 바로 오늘이 꿈결 같은 날이다. 돈은 불문이다. 많을 수도 적을 수도, 그리고 돌고 도니까.

하지만 변고가 생긴다. 꿈꾼 일이 경쟁에 밀려 시장에서 사라진다. 그럼 당신은 어떻게 할 것인가. 꿈을 바꿔야 하는가. 아니면 그 일자리를 되찾기 위해 독립군으로 나서야 하는가. 한 시대 꿈과 일의 수요공급 구조를 시민은 알 도리가 없다. 꿈과 일의 교집합은 항상 유동적이다. 그 변화의 추이를 제때 간파하고 무게중심을 잡아주는 게 바로 정치와 정부다.

아이에게 좋은 일부터 가르쳐선 절대 안된다. 뭘 하고 싶은 지부터 알게 해줘야 한다. 꿈의 종류가 A부터 Z까지 있음을 우리 교육이 가르쳐줘야 한다. 우리 공교육도 이렇게 가야 된다. 이제 누가 나서야 한다. 부모도 교사로 나서야 한다. 절대 '무슨 자리에 가면 호의호식 한다'는 이야기를 아이한테 해줘선 안 된다. 모든 자리에는 그 자리만의 고뇌와 어려움이 있고 보람도 있다는 걸 알려줘야 된다. 놀고 먹여주는 직장이 없다는 걸 알려줘야 한다. 자신의 일 때문에 지구촌이 무사하게 돌아가는 것, 그래서 그 일 안에서 만인은 평등하다는 걸 가르쳐야 된다. 높은 자리와 낮은 자리가 없고 좋은 처신과 나쁜 처신이 있다는 걸 가르쳐야 된다.

일상이 일생으로 진군하려면 몇 가지 발효균이 있어야 한다. 바로 꿈과 희망이다. 우열이 있는 일상과 달리 일생은 우열과 순위가 없다. 다시 말해 행·불행의 대상이 아니다. 그래서 숙명적이다. 그래서 인간은 한 사람의 일생에 대해 왈가왈부 말아야 한다. 마하트마 간디는 "위대함은 자신의 가진 재산이 결국 하나도 자기 소유가 아니라는 걸 절감하는 일이다."고 말했다.

임종 앞에 선 일생은 모두 저승의 첫 단추라는 점에서 모두 평등하다. 그러니 진리의 차원에선 더 오만할 일도 비굴할 일도, 더 기쁠 일도, 슬플 일도 없는 것이다. 거기서 천명天命과 소명召命, 그리고 천직天職이 탄생한다. 꿈에서 시작해서 일을 거쳐 다시 꿈으로 돌아온 사람들. 다들 비슷한 꿈이다.

당신은 지금 꿈꾼 일을 하고 있으신가.

꿈의 안과 밖

유튜브에서 허경영 박사 강연을 우연히 듣게 되었다. 그만의 꿈 이야기 대목이 인상적이라서 내 방식으로 새롭게 편집해 보았다.

그는 꿈을 중심으로 자기 인생론을 이야기하였다. 그는 인간의 범주를 10단계, 즉 속인-범인-소인-대인-현인-철인-도인-성인-진인-신인으로 분류했다. 가장 하근기인 속인은 꿈만 꾸는 자, 소인과 범인은 꿈을 향해 달리는 자, 대인·현인·철인·도인은 꿈을 깨달은 자, 진인과 성인은 꿈을 버린 자, 신인은 꿈을 주는 자라고 했다.

나는 그의 꿈 이야기를 이렇게 수정해 보았다.

속인은 꿈이 없는 자.

범인은 꿈을 가지려고 노력하는 자.

소인은 단 한 번의 꿈만 이룩하려고 노력하는 자.

대인은 죽을 때까지 각기 달라지는 꿈을 실천하는 자인데 그는 이룩한 자기 꿈을 다른 사람과 나누려고 한다.

현인·철인은 꿈의 본질을 깨달은 자, 그는 타인의 꿈의 배경이 되어준다. 도인은 꿈을 깨달아 꿈을 벗어난 자이다.

성인聖人은 개인 차원을 넘어서 만인의 꿈이 된 자이다. 성인의 꿈은 완벽한 무소유에 닿아 있다. 세상의 꿈이 자기 꿈이라 여기는 자이다. 자기 나라의 꿈만 아니라 총부리를 겨누는 적의 꿈도 존중한다. 갈등의 꿈을 공존의 꿈으로 돌려주는 자이다. 자국의 꿈을 위해 살신성인하는 위인과는 구별이 되는 숭고한 존재다. 성인은 각자에게 맞는 꿈을 주는 자랄까.

속인에서 시작된 인간의 꿈은 대장정을 거쳐 성인의 꿈에서 대단원의 막을 내린다.
아직 인류의 꿈은 공자·부처·예수의 꿈 안에 머물고 있다.

신인神人은 인간이 잉태한 꿈의 범주를 완벽하게 벗어난 자이다.
인간의 모습을 하고는 있지만 인간은 아닌 자의 꿈.
신인의 꿈은 어떤 지점이 아니라 그냥 존재계의 거룩한 바탕이다.
꿈을 꾸거나 실천할 필요가 없는 자.
나는 그를 하늘, 우주 등으로 통칭되는 '자연自然'이라 생각한다.

문득!

1.

공사장 노가다 사내는 형용사가 없다.

2.

비트겐슈타인적으로 풀이하자면 인간의 몸에서 혀를 제거해버리면 졸지에 천국이 임하고 불국토가 구현될 것이다. 혀가 꿈을 낚기도 하지만 독을 낚기도 한다. 깊으면서도 한없이 쉬운 시가 한없이 어려운 것이다.

3.

수평선과 지평선은 왜 하혈을 할까? 해묵은 화두였다. 그 화두는 나이가 더 들어가면서 시간과 세월로 환치되었다. 시간이 세월의 반열로 등극하면 말이 많던 사람도 사무엘 베게트의 연극「고도를 기다리며」에 등장하는 에스트라공처럼 침묵으로 메시지를 전하는 방법을 알게 된다. 하지만 그리움과 고독, 그리고 외로움의 함수관계는 여전히 오리무중.

4.
계절은 계절을 독점하지 않는다.

5.
수직의 유전자, 아니 수평의 유전자는 누구에게나 겸비돼 있다. 하지만 생존은 항상 수직의 지시를 따르고 생명은 수평의 자식이기를 증명하려고 한다. 시인은 태풍의 눈. 진영이 없어. 좌도 우도 아니지. 진보도 보수도 아니고. 미래도 과거도 현재도 아니고.

6.
퓨마의 송곳니는 5센티미터가 넘는다. 애기 사슴의 숨을 단 몇 초만에 끊어버린다. 일본 사무라이는 절대 진검을 여러 번 분할해서 목을 날리지 않는다. 단칼에 끝낸다.

7.
사랑은 자결하고 물건은 겁탈하고.

8.
2월초엔 여름 태풍보다 더 앙칼진 바람이 분다.

9.
성격이 인격의 차원으로 승화하지 못하면 결국 파국이 온다. 자기 삶만을 전제로 타인의 삶을 왜곡시킬 것이다. 결국 나만이란 이름의 감옥에 갇혀 비애스런 최후를 맞을 것이다.

10.
봄, 너는 왜 매년 이 무렵, 항상 그런 봄이더냐?

문득 어느날

진실이 문득 거짓일 때, 가장 저주스러운 존재가 실은 천사였음을 절감하는 날도 온다. 인간이 사람의 차원으로 진입할 때 필수품이 필요하다. 욕심이다. 나중엔 사랑과 자비의 차원으로 상승한다. 이것도 특별난 권력이다. 욕심의 막장에 허무가 또아리를 틀고 있다. 삶의 부조리가 아닐 수 없다.

노숙자에게 인문학적 안목이 주어진다면 그도 강태공처럼 태연스레 낚시질을 할 수 있다. 하지만 노숙자에겐 그럴 만한 지력智力이 없다. 수년 전 미국 뉴욕 맨해튼 유니온스퀘어에서 선글라스 차림으로 일간지인 워싱턴포스트를 읽고 있는 현자 같은 노숙자를 본 적이 있다. 잘 마른 오뉴월의 빨래처럼 홀가분하고 일견 성스럽기까지 했다. 현대판 디오게네스를 연상케 하였다.

서울 출장 때마다 서울역 노숙자의 눈빛을 오래 분석하곤 한다. 유일한 희망을 도둑질당한 사형수처럼 그냥 망연자실한, 그러면서도 자기에 대한 지독한 연민과 사회에 대한 극도의 부러움과 시기심이 공존하는, 한때 자신도 괜찮은 존재였음을 상기시키다가 결국 패닉 상태에 자기를 밀어넣고 술과 욕설로 자신을 먼저 자학해버린다. 남이 먼저 자기에 대해 이러쿵 저러쿵 비열한 눈총 주는 걸 미연에 봉쇄하기 위한 일종의 자구책이 아닐까.

성격이 인격의 차원으로 승화하지 못하면 결국 파국이 온다. 자기 삶만을 전제로 타인의 삶을 왜곡시킬 것이다.

가끔 임진왜란의 영웅 이순신의 입장을 역지사지해 본다. 그는 23전 23승, 세계 해전사에 그런 제독이 없다. 하지만 그는 한산대첩에 승리하고도 임금과 조정 대신의 시기와 질투의 칼날에 맞아 유배를 떠난다. 얼마나 억울했을까. 조선이 경멸스럽기까지 했겠는가. 그러나 이순신은 달랐다. 조정이 아니라 국운과 민초의 앞날만을 염두에 두고 다음 전쟁 준비를 한다. 왜군을 격멸시키고 홀연한 죽음을 당한다. 정황상 이겨도 불행이고, 지면 더 불행인 사내였다.

가만히 이순신의 심정을 헤아려 보라. 이순신보다 더 억울하고 속상하다면 그때 누구를 복수해도 늦지 않을 것이다.

인기와 환각

　슈퍼(Super)! 이건 일상을 소외시킨다. 그래서 실험실 증류수 같다. 그래서 슈퍼의 삶은 탈일상으로 몰린다. 그게 슈퍼의 비극이다. 그 삶이 중심을 잡으려면 자연 주지육림급酒池肉林級 진정제가 동원되어야 한다. 그들의 내면은 극도로 과장될 수밖에 없다. 바깥 자기와 화해될 수도 없다. 밖은 황홀한데 정작 그 황홀을 들고 있는 원래 자기는 너무나 초라해 보인다. 자아는 늘 방치 상태, 그런 자아가 보기 싫어 늘 뭔가에 홀려 파티적 일상을 좀비처럼 순례한다. 그 동력은 뭔가? 바로 인기란 이름의 악령이다. 인기끼리는 공존불가, 인기는 인기를 소외시킨다. 그래서 인기와 인기 사이에는 늘 음모가 서식한다. 매력적 존재일수록 자아분열의 강도는 일반인과 비할 데 없이 증강된다. 인기는 유명세로 이어지지만 자아는 늘 무명이다. 주인은 방치되고 유명세만 커져 나간다. 급기야 자아가 분열된다. 자아의 핵심부품인 고독과 외로움 때문이다.
　인기가 치솟을수록 자아로의 길은 더 봉쇄된다. 부풀려진 자기가 진짜 자기를 가려버린다. 진짜 자기를 봉인시키기 위해 그들은 술과 마약, 사랑없는 섹스 등에 의존한다. 일상만으로는 감당할 수가 없기 때문이다. 그럴수록 환각의 먹잇감이 되어간다. 인류사를 장식한 모든 인기의 말로는 다들 그런 전철을 밟았다. 27세, 마약이란 감옥에서 요절한 3J, 즉 제니스 조플린, 짐 모리슨, 지미 핸드릭스도 그랬다.

결혼을 저주하고 대신 반려견과 휴대폰을 품은, 직장보다는 여행을 선택한 청춘이 급증하고 있다. 일상보다는 환상의 길을 가고 있다. 도피적 환상, 그 대척점에는 일상에서 절망한 각종 사이코패스가 우리의 숨통을 겨누고 있다. 우리는 조만간 이 두 부류와의 전쟁을 치러야 할 것이다. 희망과 절망과의 전쟁이다. 이 전쟁 앞에선 이념, 진영논쟁도 무용지물이 될 것이다. 모두 핵 대결보다 더 무서운 이 전쟁에 대비해야 할 시점이다.

자본, 지옥에서 천국으로

「강남스타일」의 주인공 가수 싸이. 어이없게도 두 개의 군번(철원과 논산)을 가진 사내다. 서른을 불과 14일 앞둔 어느 날 두 번째 입영통지서를 쥐고선 이런 궁리를 한다. "누구한테 시비 걸다 얻어터져 전치 3주 치료만 받으면 룰루랄라 공익근무로 빠질 수 있다."고 생각한다. 그 작전을 아내에게 넌지시 얘기했다. 아내가 실망한 표정으로 한 마디 톡 쏜다.

"그건 싸이 스타일이 아니잖아."

순간 그의 등에 식은땀이 지나갔다. 그는 한 마디로 불평 없이 쿨하게 군에 갔다. 싸이는 산업기능요원으로 35개월간의 군대체복무를 끝마쳤으나 부실 복무 혐의로 지난 2007년 12월 재입대했다. 육군 52사단에서 통신병으로 근무하다가 지난 1월 국방부 국방홍보원으로 보직을 변경했다가 20개월을 복무하고 예비역이 됐다. 입대 당시 싸이의 위상은 거의 바닥이었다. 한없이 추락 중이었던 싸이, 당시 그 누구도 오늘의 강남스타일을 예감 못한다.

에히리 프롬은 『소유와 존재』에서 섬뜩한 경고를 했다. "현대인은 자본 소유에 취해버려 진정한 자아(존재)를 만날 수 없다."고. 부자가 으스대기만 하고 빈자가 그런 부자를 저주하기만 한다면 자본은 더욱 흉포해진다. 인간이 자본으로 교체되고 있다.

모두 병원에서 태어나고 병원에서 죽는다. 고향도 사라질 것이다. 남자와 여자는 아버지와 어머니로 건너가지 못한다. 내가 너보다 더 크게 보일 것이다. 헌신과 멸사봉공 마인드도 언젠가 퇴장될지 모르겠다. 효자도 사라질 것이다. 견디다 못한 사람들이 자본을 조롱하며 자살한다. 그렇다고 자본이 자살할까.

철학자들이 "현대인이 국가권력이 닿지 않는 공간에서 원시인처럼 유목민(Nomad)처럼 살 수 있을까?"를 연구한 결과 불가능이란 결론을 내렸다. 답이 없다면 그럼 자본을 즐겨야 하나. 문제는 욕심인데…….

맛테크시대를 논하다

맛테크시대로 진입한 것 같다. 맛도 재테크의 한 수단이 된 것이다. 맛은 이제 새로운 욕망의 상징. 맛을 전도하는 셰프들은 이제 오피니언리더다. 유학파 오너셰프는 인기 1순위. 이 밖에 미식가의 안목을 가진 여행작가, 전통음식 연구가, 사찰음식 연구가, 약선요리 연구가, 자연치유 연구가 등도 맛테크 세상에 신흥교주 못지않은 파워를 과시하고 있다.

요리는 이제 단순히 식품학의 한 분과가 아니다. 문화예술의 아이콘이다. SBS로 데뷔한 '방랑식객' 산당 임지호. 그는 재즈의 즉흥연주처럼 온갖 제철 식재료를 현장에서 채취한 뒤 그 자리에서 요리해서 감각있게 플레이팅해 폭발적 인기를 얻었다. 그는 요리미학을 회화의 수준으로 격상시켜 놓았다. 황교익과 백종원은 한국 쿡방의 양대 스타, 농민신문 기자에서 일약 스타가 된 황교익은 스스로 맛칼럼니스트라고 선언했다. 그는 국내 사철 식재료 정보를 누구보다 폭넓게 알고 있다. 백종원은 푸드마케팅의 귀재. 셰프의 영역에 밀장돼 있던 요리기술을 국민 대방출해 버렸다. 혼밥 세상을 정확하게 간파한 것이다. 그는 집밥 돌풍에 이어 요즘은 푸드트럭 신드롬까지 일으키고 있다.

여기도 맛, 저기도 맛. 정말 맛이 뭐지? 맛이 꼭 주술사 같다. 입만 뻥긋하면 맛을 조건반사적으로 난사한다. 안타까운 건 음식을 오감으로 품는 게 아니란 사실, 혀에 산재한 미뢰[Taste bud]에 와 닿는 미감의 친밀도에 의해 좋은 음식과 나쁜 음식을 구분해버린다. 맛있는 음식이 좋은 음식이라고 확신해 버리면? 얻는 것보다 잃는 게 더 많다. 어떻게 맛있는 음식이 좋은 음식이라고 주장할 수 있겠는가. 어쨌든 우린 역사상 가장 달콤하고 감미로운 음식을 접하게 됐다. 식품의학자는 "맛있는 음식이야말로 가장 나쁜 음식일 수 있다."고 경고한다. 바로 빵과 과자, 라면류, 패스트푸드, 가공식품 등을 겨냥한 것이다.

모든 음식을 맛있다와 맛없다로 규정해버린다는 건 정말 잔인한 일이다. 맛도 테러를 저지를 수 있다. 푸드블로거가 맛없는 식당이라고 낙인찍는 바람에 영업에 치명상을 입기도 한다. 맛있다와 맛없다, 그 두 흐름이 마치 태극기와 촛불처럼 서로 잡아먹을 듯 으르렁거리고 있다. 맛에 광분하는 세상. 그 집단의식 속에는 흉측한 저격수가 도사리고 있다. 세인의 미관味觀을 왜곡시키고 최면걸기까지 하는 바로 그놈을 우리는 직시해야 된다.

세상의 모든 음식물은 저마다 고유한 맛의 스펙트럼을 갖고 있다.

서양의 학자들은 그 맛을 크게 다섯 갈래로 분류했다. 달다, 짜다, 쓰다, 시다, 감미롭다, 맵다는 혀의 미뢰가 감지하는 게 아니라 뇌가 느끼는 일종의 통증. 그건 맛이 아니다. 독감에 걸리면 일시에 혀의 기능이 추락한다. 입맛이 증발해버린다. 그 어떤 음식을 봐도 먹고 싶은 마음이 안 생긴다. 건강해야 미각이 살아나는 법이다. 하지만 우리 혀는 우리의 귀처럼 감지할 수 있는 미감의 범주가 있다. 그 범주를 학자들이 다섯 가지로 규격화해 놓았다. 하지만 그 사이에 놓인 경계선상의 맛은 의외로 넓다. 고감도 미식가만이 그런 맛을 언어로 표현해낸다. 가령 짭조름하다, 밍밍하다, 새콤달콤하다 등은 어느 영역에 속하는 걸까?

전라도 토박이는 제대로 된 맛을 가진 음식을 먹으면 맛있다는 말 대신 '게미있다'는 표현을 사용한다. 남도의 맛은 바로 게미로 정리된다. 우리가 잘 끓인 탕·국류를 먹을 때 탄성으로 나오는 시원하다, 깔끔하다 등과도 차이가 있다. 요즘 획일적으로 사용하는 감칠맛 있다는 것과도 거리가 있다. 퀴퀴하고 쿰쿰한 홍어와 삭힌 젓갈, 거기서 느껴지는 곰삭은 맛, 그걸 게미로 압축시켰다.

예전에는 잘 된 음식을 '간이 맞다'로 인정해줬다. 간이 맞다와 감칠맛이 있다는 천양지차. 예전 반가에선 '맛있다'란 말을 사용하지 않았다. 양반은 특히나 맛을 논하지 않았다. 맛난 걸 찾아다니는 걸 천박의 극치로 봤다. 식당이 없던 시절이라 각기 자기 집의 간에 길들여져 살았다. 그때는 '간이 맞다', 그 한 말로 음식평가를 끝냈다.

그 간은 단맛보다 짠맛에서 비롯된다. 좋은 천일염, 그것도 3년 이상 간수를 뺀 걸 최고로 쳤다. 그 소금에서 간장·된장이 나왔다. 한식의 맛은 바로 소금 간이었다. 간 맞추는 건 집안마다 지역마다 달랐다. 그래서 향토색이 존재할 수 있었다. 그런데 엄존했던 팔도음식의 간을 획일화된 감칠맛이 축출해버렸다.

이젠 감미로워야 맛있는 것으로 인정받는다. 과연 감미로운 맛의 정체는 뭘까? 바로 식품의학자에 의해 제5의 맛으로 명명된 우마미(Umami)다. 이 맛은 일본에 의해서 발견된다. 우마미는 우마이(맛있는)와 미(맛)의 합성어. 진한 맛, 깊은 맛, 구수한 맛, 감칠맛 등으로 표현된다. 이러한 맛은 서양권보다 동양권 요리에서 더 강조된다. 다시마 국물 외에도 가쓰오부시, 멸치국물, 고기국물, 표고버섯, 간장 등에서 노출되는 맛이다. 다시마 육수를 졸이고 졸이면 마지막에 분말이 남는다. 이게 정제된 미원의 일종이다. 그 분말을 음식에 첨가하면 감칠맛이 형성된다.

19세기까지만 해도 인류가 경험하지 못한 혁명적인 맛이다. 1996년 미국 마이애미대 연구팀에 의해 우리 혀 가운데 이 맛을 감지하는 미뢰가 따로 있다는 사실이 밝혀진다. 감칠맛의 주성분인 글루탐산이 물에 잘 녹도록 나트륨을 결합시켜 대량 생산을 하게 되는데 이것이 바로 'L-글루탐산나트륨', 일명 MSG는 우리가 흔히 말하는 화학조미료의 대명사 미원이다.

1908년 도쿄대 화공학과 교수 이케다 기쿠나에 박사가 다시마두부전골육수를 정제시켜 핵심 성분을 추출했고, 나중에 아지노모도

란 이름으로 출시된다. 특히 선조들은 이 맛에 깊이 빠졌다. 일제강점기 냉면, 불고기 등에 없어서는 안될 꿈의 조미료로 사랑받게 된다. 이후 1956년 동아화성공업주식회사 공장에서 최초의 국산조미료 미원을 생산한다. 현재 대상 청정원이 제조처. 미원이 독보적인 인기를 끌던 1963년, 여기에 도전장을 내민 것이 CJ제일제당의 미풍. 그해 미원의 위력이 어느 정도인가를 일깨워준 국민간식 라면까지 등장한다. 미원은 약방의 감초 같았다. 모든 음식에 다 투하됐다.

한식은 미원의 위세에 굴복하게 된다. 팔도의 맛이 다 비슷해져간다. 그때부터 우리의 입맛은 철저하게 미원맛에 길들여진다. 그 유전자가 우리에게 그대로 전해진다. 대박난 식당은 어김없이 미원을 앞세웠다. 전통한식엔 미원 출시일이 경술국치일이었다. 뿐만 아니다. 1953년 제일제당에 의해 대중화된 설탕까지 가세한다. 간을 중시하던 기존 한식밥상은 더 치명상을 입게 된다. 당시 미원 관련 광고는 더 가관이었다. 그 어떤 음식에 넣어도 천국의 맛을 낸다고 홍보했다. 심지어 휴대용 미원통까지 등장했다.

이 기계적 맛을 확대 재생산한 게 바로 프랜차이즈. 1977년 서울 신세계백화점에 입성한 림스치킨이 국내 첫 프랜차이즈다. 이후 국내 브랜드로는 1979년 롯데리아, 난다랑 등이 첫 프랜차이즈로 기록된다. 이젠 가공식품 천국이다. 대형할인매장에 가보라. 거기에 하늘의 별만큼 많은 가공식품이 있다. 특히 화학조미료, 소스, 향신료, 양념……. 헤아릴 수 없을 정도다.

기사 관련 사진을 찍기 위해 부엌에 있는 각종 양념류를 다 끄집어

내보니 얼추 30여 가지가 됐다. 이젠 웬만한 양식당에서는 며칠 걸려 고생해야 완성되는 양식 소스의 기본인 스톡을 미리 장만하지 않는다. 식품점에서 구입한 걸 사용한다. 셰프들이 조리보다 조립에 더 능해져가고 있다. 냉면집에서도 봉지육수를 당연시한다. 사람들은 자연산보다 봉지육수에 더 엄지척한다. 그러니 수제음식은 단가 때문에 문을 닫을 수밖에 없다. 추어탕, 육개장, 곰탕 등 이제 웬만한 한식 메뉴는 진공포장된 '레토르트 식품[Retort food]'으로 팔리고 있다.

이젠 한술 더 떠 맛세상을 넘어 멋세상으로 넘어간다. 바로 소문맛이다. 이 흐름을 페이스북, 트위터, 인스타그램 등이 주도한다. 요즘 대세는 해시태크해서 관련 이미지를 맘껏 볼 수 있는 인스타그램과 동영상의 대명사인 유튜브. 젊은이들은 식탁에 앉자마자 휴대전화로 인증샷부터 찍는다. 일단 식당 외관이 자기와 맞아야 하고 다음은 분위기다. 아늑하고 아기자기하고 독특하면서도 재밌어야 한다. 주인도 약간 우주에서 온 듯한 캐릭터면 금상첨화. 그게 다 맞은 이후에야 맛을 따진다. 음식을 위해 식당에 가는 게 아니다. 특정식당 때문에 들러리로 먹는 게 음식인 세상이다. 건강은 뒷전이다. 건강에 적신호가 켜지지 않는 이상 맛과 멋으로 음식을 소비가 아니라 사치한다. 이러다가 후반부 삶을 병원에서 탕진하는 건 아닌지 모르겠다.

주부멸종시대

주부主婦. 한때 한민족 생명을 지키는 최전선이었다. 가족, 가정, 식구, 살림, 고향, 모정 등이 한 몸으로 붙어 다녔다. 밥상 책임자인 주부는 식구를 먹여 살렸다. 그 과정이 바로 살림이다. 주부의 능력은 초인적이었다. 다들 한식, 양식, 중식, 분식을 커버하는 셰프였다. 종부는 내림음식의 보루였다. 친정어머니는 시집가는 딸을 위해 요리부터 바느질까지 철두철미하게 준비해서 보냈다.

그 시절에는 두 개의 밥상이 있었다. 산 자의 밥상과 죽은 자의 밥상이다. 일상의 밥상은 여성의 몫, 남성은 망자를 위한 기제사용 제수를 책임졌다. 안살림과 바깥살림이 엄격하게 구별됐고 그게 선순환할 때 한 가문은 평화로울 수 있었다. 1970년대까지만 해도 이 구도가 어느 정도 유지됐다.

그 시절 여성의 종착역은 묻지마 현모양처賢母良妻였다. 자식에겐 현명한 어머니, 남편에겐 최고의 내조자여야만 했다. 대신 남편은 가족을 위해 목숨 걸고 먹잇감을 제대로 구해와야만 했다. 남편이 시들

하면 가정은 졸지에 지옥으로 추락해버린다. 다행히 그 시절에는 나라경제가 그런대로 잘 굴러가 취업도 잘되었고 무슨 장사를 해도 좀처럼 굶지 않았다. 주부가 가사에 더 집중할 수가 있었다.

이젠 아니다. 주부는 남성도 여성도 아니다. 중성이 돼버렸다. 너무 편해져 집에서 요리할 필요가 사라졌다. 밥상은 더 이상 가정의 전유물이 아니다. 밥상은 이미 집 밖으로 가출해버렸다. 밥상은 이제 식탁으로 교체됐다. 아파트시대를 맞아 부엌도 주방(Kitchen)으로 변해버렸다. 주부가 번거롭게 밥상차릴 필요도 없다. 식당, 배달음식, 할인매장, 식자재마트, 편의점, 홈쇼핑, 백화점 푸드코트 등이 책임진다. 천국 같은 세탁기·김치냉장고, 마법사 같은 전자레인지와 오븐이 주부를 주방에서 해방시켰다.

주부가 그렇게 된 건 세상 탓이다. 산업이 고도화될수록 더 먹고살기 힘들어졌다. 지원 요청~. 남편이 수시로 SOS를 쳐댄다. 주부까지 직업전선으로 끌려나와야만 했다. 직장인이 된 주부들은 밥상 차릴 겨를이 없다. 아니, 차릴 수는 있다. 하지만 차리는 것 자체가 더 낭비고 비효율적인 세상이 돼버렸다. 설상가상 때맞춰 먹어줄 식구도 없다. 남편은 툭하면 회식, 아이는 빵만 먹는 둥 마는 둥, 그리곤 이내 등교한다. 점심은 묻지마 학교급식, 저녁은 학원에 가기 전 편의점에서 해결한다. 주말에는 다들 피곤해 늦잠판. 주부는 개점휴업이 될 수밖에 없었다.

어느새 아이들은 부모의 식성조차 알지 못하고 존중도 하지 않는다. 밥상 정담이 사라진다. 자연 가족애도 데면데면하다. 아이는 수

시로 간첩 접선하듯 폰질하며 제 혀에 맞는 별별 신메뉴를 배달시킨다. 이제 '요리=클릭'이다. 어느새 가정간편식〔HMR〕특수가 밥상을 고사시켜 버린다. 급기야 집과 멀어진 청년백수는 집밥을 잃고 감옥 같은 혼밥 속으로 잠행한다. 세상은 휘황찬란한데 주방은 휑뎅그렁하다.

　주부가 사라진 주방, 각자도생하는 식구들. 오프라인 가족은 멀어지고 인터넷이 맺어준 온라인가족한테 더 위안을 받는다. 가족이 소외를 받을 수밖에 없다. 그 고독한 패밀리의 틈을 비집고 슈퍼갑으로 등극한 놈이 바로 반려견이다.

　주부멸종시대는 반려견만을 위한 펫토피아(Pettopia)로 자꾸 기울고 있다. 살맞난 건 반려견. 반려견만을 위한 주방으로 전락할 수도 있다. 훗날 국어사전은 주부를 "반려견을 위해 요리하는 사람이다."고 풀이할지 모르겠다. 뭔가 이상하다는 낌새를 채지만 다들 이 난감한 아이러니를 제대로 이해하지도 설명하지도 못한다. 그냥 떠내려갈 뿐이다. 예전에는 집은 밥을 낳는 곳이었다. 하지만 이제 집은 잠자는 곳이다. 세상의 모든 감각이 집 밖으로 쓸려나가고 있다. '주부' 그 단어를 언급하는 것조차 미투 대상이 될 정도로 지금 우린 실종이 아니라 주부멸종시대를 살고 있다.

슈퍼갑이 된 반려견

주말의 밤, 대구 달서구 두류공원의 한 휴게소 앞. 일대는 돌연 반려견 번개팅 장소 같다. 송아지만한 사냥개부터 인형 같은 푸들까지 총출동이다. 한 개주인는 나무에 반려견을 묶어놓은 채 잠시 조깅하러 자리를 떴다. 그 반려견은 갑자기 사자처럼 컹컹 짖어댄다. 지축이 울릴 정도다. 주위 시민들의 표정은 제각각. 개주인들은 이해하는 눈치지만 심기가 불편한 쪽도 적잖았다. 결국 우려하던 일이 터지고 말았다. 한 시민이 갑자기 소리를 버럭 지른다.

"완전 ×판이네. 보신탕 주인들은 뭐하고 있노, 왈왈대는 ××× 싹 잡아가지 않고."

발끈한 개주인이 정색하며 나선다.

"선생님, 말씀이 너무 지나치신 거 아닙니까. 개가 뭡니까?"

한 쪽은 개를 식용, 또 한 쪽은 식구로 생각하고 있었다. 사드 찬반 시각 못지않다. 갑자기 불안한 생각이 밀려들었다. 마이카 못지않게 폭증한 반려견. 그들을 향한 개주인들의 애정은 상상 초월. 반려견이 갑자기 현대사회의 절망, 고립, 고독을 대변하고 있는 것 같았다. 반려견은 누구에겐 식구라는 이름의 '약藥'인지도 모른다. 그들이 인간의 범주로 각인되는 순간, 인간과 동물의 경계 구분도 애매해진다. 우린 반려견의 순기능과 함께 역기능에도 대처해야 된다.

반려견으로 인한 이런저런 우울한 일들이 예고된다.

어느 날 결혼 1개월을 갓 넘긴 아들이 어머니한테 이혼을 선언한다. 내막은 이렇다. 아내의 일상은 오직 반려견뿐이다. 개털 알레르기가 있는 남편은 반려견을 싫어한다. 하지만 아내는 신혼여행 갈 때도 반려견을 챙겼다. 남편은 속이 무척 상했다. 심지어 반려견과 함께 동침하자는 제의를 했을 때도 허니문 기간이다 싶어 꾹 참았다. 그런데 아내는 설상가상, 남편 끼니는 거의 배달음식이었다. 반려견에겐 최고급 유기농 먹이로 직접 조리해 대접했다. 남편은 속으로 "개는 음식을 대접하고 자기는 먹인다."고 믿었다. 남편 아픈 건 개의치 않고 반려견이 조금 탈나면 사색이 될 정도였다. 남편은 반려견보다 더 못한 자신을 원망하며 새 출발했다.

어느 반가의 기제사. 갑자기 제주인 할아버지가 소리를 버럭 지른다. 자초지종은 이랬다. 할아버지는 보신탕은 좋아하지만 반려견은 질색이다. 특히 제사 때 반려견이 얼씬거리는 건 묵과 못한다. 몇 번 경고했건만 도무지 씨알이 먹히지 않았다. 특히 평소 끔찍이 사랑했던 손녀는 반려견이 자기 수호천사다. 제사 때만은 반려견 없이 오라고 아들 내외한테 엄명을 내렸다. 그런데 무시한 것이다. 이날따라 반려견은 유별스럽게 짖어댔다. 그래서 참다못한 할아버지가 반려견을 현관문 밖으로 던져버린 것이다. 이에 손녀는 말할 것도 없고 며느리까지 씩씩거리며 할아버지쪽을 한 번 힐끔 쳐다보더니 문을 쾅 닫고 사라져 버렸다. 할아버지는 벌벌 떨며 안방으로 들어갔다. 제사는 풍비박산됐고, 아들은 한숨을 내쉬며 천장만 올려다본다.

 어느 날이었다. 모 회사 간부들이 회사 인근 식당에 모여 긴급 대책회의 중이다. 동고동락하던 회장의 반려견이 죽은 것이다. 단순한 반려견이 아니다. 이혼하고 혼자 사는 회장의 고독한 맘을 유일하게 잘 헤아리던 놈이었다. 그래서 회장은 더 슬픔이 컸다. 그래서 인간과 같은 방식의 빈소를 차리기로 마음을 먹는다. 한 간부가 이 사실을 회사 임원들한테 알린 것이다. 이런 사태를 한 번도 경험하지 못한 간부들은 고심 끝에 정승집 개가 죽은 듯 문상 쪽으로 가닥을 잡았다. 간부들은 개의 영정 앞에서 분향재배했다. 다들 속으로 '정말 이래도 되는 거 맞아'라며 독백을 했다.
 반려견 1천만 시대를 맞았다. 개를 위한 관, 명정까지 생기고 있다. 어느 순간부터 반려견은 특별한 신분으로 등극했다. 인간 위에 군림하는 슈퍼갑 같달까. 반려견은 더 이상 개가 아니다.

효자 반납시대

이제는 잘 죽기 어려운 세상. 자연스럽게 멸종·용도폐기 수순을 밟는 존재가 있다. 바로 효자다. 그 시절 효행은 만사의 근본, 군사부君師父의 존엄을 위해 모든 가치가 존재했다. 그땐 직장부재 시대였고 부자는 고향에서 동고동락하다가 선산에 함께 묻혔다.

어느날 효자만능시대로 접어든다. 부모가 위중하면 사직하고 즉시 귀향했다. 병원도 약국도 없던 때라 효자는 의사와 간병사를 겸했다. 부모가 먹고 싶다고 하면 한겨울에도 수박 찾는 시늉을 했다.

백성의 영양 상태는 말이 아니었다. 피골이 상접할 정도였다. 예순 넘기기조차 버거웠다. 와병에서 사망까지, 그 시간은 지금과 비교할 수 없을 정도로 짧았다. 지금처럼 10년 이상 장기 투병하는 노인을 찾아보기 힘들었다. 부모도 자연스러운 임종을 위해 막바지에는 곡기를 끊어버렸다. 지금과 달리 그때는 가장 쉬운 게 죽음이요 가장 어려운 게 삶이었다.

우린 오래 부효자효父孝子孝 시대를 봉행했다. 부모와 자식이 함께 효자였다. 자식 양육이란 적금을 부은 부모는 노후를 걱정할 필요가 없었다. 훗날 봉양이란 원금을 확실하게 돌려받는 탓이다. 덕분에 조선발 효자시스템은 70년대까지 무사행진하는 듯했다. 그런데 이젠 양육뿐이고 봉양은 없다. 부동산 투기가 절정으로 치닫는 어느날 고향집조차 투기 대상으로 전락한다. 믿었던 효자들도 점차 꾼으로 추락해버렸다. 부모 위상도 백척간두, 효자의 잘못이 아니었다. 가문·가족의 영광보다 황금이 더 절실해진 탓이다.

출세를 위해 모두 고향을 등졌다. 잘난 자식일수록 고향과 멀어졌고, 결국 못난 자식이 효자를 대행할 수밖에 없었다. 자연 형제애도 꽁꽁 얼어붙을 수밖에. 그럴수록 부모의 자리는 더 고독해져 갔다. '예전에는 못난 자식도 잘난 자식도 없었는데……'

"긴 병에 효자가 없다."고 했다. 치료·간병비를 감당못해 거리로 나앉게 되는 자식도 생겨날 수밖에. 성공한 그 잘난 자식이 부모를 위해 할 수 있는 건 고작 지상 최대 빈소 꾸미기. 이젠 직계비속이 더 상전이다. 손자가 가장 서열이 높다. 수재일수록 집안 일에서 면탈된다. 손자의 재롱이 간절하지만 공부 때문에 며느리는 서둘러 아이와 함께 일어선다. 스마트폰에 빠진 손자도 더 이상 조부모한테 매달리지 않는다. 부모 봉양시대가 아니다. 자식 봉양시대로 굳어지고 있다. 부모도 이걸 인정할 수밖에 없다. 병들고 호주머니가 비어갈수록 노독老獨은 더욱 처참해진다.

다급한 전화가 걸려왔다. 부모가 쓰러졌다. 회복은 불가능하다고 한다. 5년 갈지 10년 갈지 장담도 못하는 상태. 천정부지의 치료비란 놈이 한 집안을 초토화시킬 태세다. 원해도 부모는 집에서 임종하지 못한다. 장례식장에 이르는 전과정을 의사·간호사가 진두지휘한다. 이때부터 환자는 의료기관 먹여살리는 봉이 된다. 돈이 바로 효심이 되고 만다. 돈 없으면 효자도 불효자로 전락할 수밖에.

예전에는 죽음에 이르는 길을 감당할 수 있는 상호부조시스템이 씨족사회 안에 마련되어 있었다. 하지만 지금은 아니다. 각자도생이다. 직장도 부모의 긴병을 도와주지 않는다. 다들 일에 포로가 되어 있다. 자식의 성공과 부모의 긴병이 대립할 경우 긴병이 양보할 수밖에 없다. 그 자리를 파고든 신효자新孝子가 있으니, 그가 바로 간병사다. 그래서 세상은 효자반납시대.

불효자는 간병사한테 큰절 해야 된다. 만약 그들이 없다면 감내해야 될 봉양의 중압감은 상상을 초월할 것이다. 이젠 효자를 강요할 수도, 될 가능성도 없다. 그래서 무례한 간병사의 전횡 역시 사회적 문제로 급부상할 것이다. 간병비 현실화 등 차세대 간병복지책이 절실한 시점이다. 아무튼 평균 100세 시대, '참 잘 죽기 어려운 시절'이다.

시골 관전법

　도시인이 촌놈 되는 것. 우주선이 지구를 벗어나는 것만큼 어려울 것 같다. 시골풍경은 희극이지만 시골생활은 사실 비극적 요소가 다분하다. 예전에는 시골이 가난의 상징이었는데 지금은 점차 여유의 상징이 되고 있다. 요즘 그런 도시인의 일탈욕구를 부추기는 각종 탈도심脫都心· 입자연入自然 TV프로그램이 붐이다. MBN의「나는 자연인이다」가 가장 강력한 반향을 준다. 멍하니 그것만 뚫어지게 보며 '언젠가 나도……'라며 독백하는 막막한 중년이 적잖다.

　2010년부터 탈도심을 결행한 귀촌·귀농인이 많아지고 있다. 군위에는 그런 사람을 위한 6개월 과정의 경북농민사관학교도 있다. 1990년대까지만 해도 별장이 도시인의 시골누리기 교두보였다. 대다수 왜곡된 파티, 로비 장소 등으로 악용되기도 했다. 이젠 권위주의적인 별장도 한물 갔다. 별장 자리에 소담스러운 통나무집, 노출콘크리트조로 지은 모던한 갤러리 같은 집, 그리고 펜션 등이 주류이다. 착한 표 말년의 공간이랄까.

요즘 귀촌인과 현지인 사이에 깊은 갈등의 골이 패어 있다. 최근 봉화군 소천면에서 발생한 한 귀농인의 엽총난사 사건. 과수원에 물 대는 문제로 이웃과 불화를 일으켰고 결국 살인사건으로 번졌다. 아무도 오지 않는 첩첩산중에 사는 자연인이야 무슨 갈등이 있겠는가. 문제는 토박이가 밀집된 시골로 들어갈 경우다. 숙지하면 이득이 되는 '귀촌인 필살기 에티켓'이 있다. 어르신 대다수는 평생 생존을 위협받으며 지금 터전을 일구며 살아온 분들이다. 그래서 극도로 보수적이며 평당 가격 앞에서는 물불 가리지 않을 정도로 이재에도 예민하다. 도시인에 대한 피해의식도 있다. 그러면서도 다들 정에 굶주려 있다.

대다수 어르신은 가방끈이 짧다. 하지만 세상 읽는 안목은 프로 9단. 도시인이 거두절미하고 이들을 가르치려 하는데 그럼 총을 맞는다. 그들을 먼저 존경하는 마음이 없으면 어르신은 마음을 닫아 버린다. 그때부터 시골살이가 깜깜해진다. 평소 인사 한 번 없이 혼자 잘난 척하며 다니다가 명절이나 복날 때 면피용으로 수박 한 덩이 내밀어도 그걸 진심으로 보지 않는다.

시골에 도시인이 무임승차해선 안 된다. 거기 살기 위해선 토박이 어르신 이해하기가 전제되어야 한다. 텃세도 인정해야 된다. 그래야 귀촌에 성공할 수 있다. 시골에선 논리적 이성보다 정이 몇 배 더 중요하다. 소통은 곧 밥통. 토박이와 자주 밥을 나눠야 된다. 말보다 마음의 소통이 더 빛을 발한다. 여행하듯 시골에 살려면 자칫 봉변을 당할 수 있다. 또한 나름 보스적 기질을 가진 이장과도 공감대를 가져야 된다. 내 돈 주고 시골 가서 살려는데……. 그런 욱하는 심정이 들면 그냥 도시에서 살아라. 차라리 도시에서 살며 한 번씩 시골에 놀러가는 게 백 번 더 낫다.

시골에선 할머니·할아버지보다 할매·할배가 더 정감있다. 그냥 데면데면 인사하는 것보다 어르신 손을 한번 잡아줘보라. 읍내 나갈 때 담 너머로 "필요한 물건이 없냐"며 살갑게 물어봐주라. 차도 한 번씩 태워주고. 어르신은 부리나케 내 편이 될 것이다. 한 개 주면 열 개 돌아오는 데가 시골이다. 어르신은 농사의 달인들. 책에 없는 온갖 비법, 마음이 통하면 아낌없이 그 비법을 전수해 줄 것이다.

시골은 독락보다 동락同樂해야 된다. 어르신들은 새벽같이 경운기 몰고 논밭으로 나가고 밤 9시만 되면 다들 꿈나라로 간다. 귀촌인이 도시 친구 불러 모아 자정 넘어 바비큐 파티하고 늦잠 자는 식으론 눈총받기 십상이다. 심야 색소폰 연주는 흉물이고 당장 민원감이다. 도시에선 필요한 물건을 수시로 확보할 수 있다. 그런데 시골은 아니다.

동고동락해야 될 게 지천이다. 고고하게 폼 내려면 시골에 안가는 게 상책. 그냥 팜스테이 정도에서 멈춰야 된다. 도시인은 시골에서 폼 잡지 마라. 폼은 곧 덫이다.

풍수발복설

수십억 년 전 지각이 형성될 때 사람은 단 한 명도 없었다. 저절로 지각이 형성됐다. 맨틀층이 요동쳐 바다가 땅이 되고 땅이 바다가 되었다. 지구의 자전도 공전도 원심력도 구심력도 중력도 아닌 오묘한 힘이 모여서 산의 땅기운을 만들었다. 산은 뱀처럼 구불거리면서 사행巳行을 하기 시작했다. 대륙이 생기고, 산맥이 생겼다. 산은 수많은 연봉을 만들었고, 계곡 사이로 물이 흘렀다. 사람들은 직감적으로 어떤 곳에 터를 잡아야 하는 지를 알았다. 겨울에 따뜻하고 바람이 많이 불지 않고 여름에 물난리가 나지 않는 곳을 찾아 거주공간을 만들었다. 동네가 오순도순 피어났다. 식자들은 거길 배산임수背山臨水 지형이라고 명명했다. 시신은 마을 근처 뒷산 양지바른 곳에 묻었다. 대를 이어가자 선영이 형성되었다.

그런데 이상한 일이 일어났다. 신라의 도선국사와 같은 통찰력이 뛰어난 자가 특정 묘의 후손이 기대하던 것보다 훨씬 복을 많이 받는다는 사실을 간파한 것이다. 여러 문중의 선영과 집터를 분석했다.

공통점이 있었다. 전국의 산세를 분석했다. 명당비결서가 만들어진다. 산에 안목있는 자는 훗날 도읍지를 선정하는 중책을 맡아 나라풍수, 즉 국풍國風의 자리에까지 오른다. 고대부터 지금까지 명멸한 풍수인들은 명당발복론을 금과옥조로 삼았다. 그 말을 부정하고 싶어도 일확천금의 욕망에서 벗어나지 못하는 민중은 항상 명당론에 휘둘릴 수밖에 없었다. 명당은 말도 향기도 기척도 없다. 지번도 없고 공시지가도 없고 부동산대장에도 없다. 오직 명당교 교인들끼리만 신탁받듯 거래되기 때문이다. 우주는 왜 땅 속에 명당을 숨겨뒀을까. 아니라면 명당은 사람이 꾸며낸 신화의 공간인가.

가끔 이런 생각을 한다. 명당은 있는 것인가, 아니면 있어야 하는 것인가. 그것도 아니면 없는 것인지, 없어야 되는 건지 논리철학적으로 접근하자면 명당론은 현실론과 당위론이 격돌하는 필드인 것 같다. 그런데 더 어려운 대목은 명당에 발복發福이란 용어가 붙으면서 생겨났다. 명당필복明堂必福은 복도 없이 살아가는 민초들에게는 한없이 절망스러우면서도 희망스럽다. 이율배반이고 모순이다. 세상사가 아무리 어려워도 명당만 잡으면 발복을 한다고 하니 누가 그 명당에 혹하지 않겠는가.

예수를 믿으면 천당에 가고, 부처를 믿으면 극락에 간다는 말처럼 들리기도 한다. 그런데 지금 예수도 안 믿고 부처도 안 믿고도 잘 살아가는 타 종교인들도 많다. 그럼 신은 있을까? 신을 믿어야 죽어서 복을 받는다는 게 진실이라면 그 신은 어쩜 독재자처럼 보인다. 어머니의 마음을 동원시켜보자. 자식이 어머니를 부정하고 절망케 해도 어머니에게는 입에 혀 같은 자식보다 허구헌 날 말썽만 부리는 그 못난 자식이 더 짠하다. 그 문제투성이 자식을 저주하지 않는다. 신이라면, 자신을 믿지 않는다고 결코 해코지를 하지 않을 것이다. 벌을 준다면 그 신도 인간의 범주로 추락할 것이다.

명당도 있는 건지도 모른다. 또 그 명당이 있는 자의 몫이라면 분명 없는 자에게는 시기와 질투의 대상이 될 것이다. 명당이 없다면 그냥 열심히 살아가면 될 것이다. 만약 명당이 없고 오직 믿을 건 정직과 성실, 불퇴전의 용기와 지혜 밖에 없다고 할 때, 그런 자가 명당을 가진 후손과 사회적 경쟁을 할 때 절대적으로 불리할까?

안중근과 이토오 히로부미가 있다. 만약 둘이 명당발복터를 가진 집안의 후손이라면 분명 발복을 했을 것이다. 그런데 둘의 발복은 그 결과가 일반인이 생각하는 발복과 차원이 다르지 않는가. 일제강점기에 조우한 둘은 비명에 죽었다. 한 명은 의롭게, 또 한 명은 불명예스러웠다. 이런 상황을 놓고 두 명당은 무슨 해석을 할까?

명당보다 발복이란 대목을 분석해봐야 한다. 복에는 이기적 복과 이타적 복이 있다. 인간의 가치관에 따라 전자를 진짜 복이라고 생각하는 사람도 있다. 하지만 풍수민주화 차원에서 본다면 전자에서 후자로 명당발복론도 진화를 해야 된다. 만약 명당을 가진 후손을 멸사봉공滅私奉公하게 하고, 부자도 높은 자리에도 못 올라가게 하고 그냥 자선과 봉사의 삶만을 살도록 만든다면?

Because I like it

초월과 일상, 누가 더 내공이 깊을까?

우리는 너무 오랫동안 거창하고 대단한 것을 향해 살도록 길들여졌다. 일상이 얼마나 고귀한가를 가르치지 않았다. 돈을 좀 우습게 봤다. 그럴수록 돈 때문에 절망한다. 국가, 민족, 사회, 공동체, 사명, 공공선을 위해 살면 대단한 사람이고 가족을 위해 묵묵히 살아가는 가장을 소시민이란 이름으로 폄훼한 것도 사실이다.

프랑스의 가톨릭 실존주의 철학자 가브리엘 마르셀은 현대인을 향해 "열광의식(Fanaticism)과 추상의 정신을 경계하라."고 주창했다. 철학자 김형효(한국학중앙연구원 명예교수)도 『마음혁명』에서 이렇게 덧붙였다.

"열광의식은 정치적·종교적 의식으로 뭉친 집단이 자기 세력의 지배를 강화하기 위해 증오의 적을 클로즈업시키는 단 하나의 추상적 목적 말고 다른 것은 전혀 고려하지 않는 격정적 광기다. 추상의 정신은 격정적 광기로 상대방을 추상적이고 적대적인 구호로 몰아붙이는 사고방식이다. 열광의식과 추상의 정신 배후에는 반드시 어떤 권력의지와 진리의지의 음모가 숨어 있다. 권력의지는 단순해서 대중을 쉽게 격발시키기 어렵다. 그래서 열광의지는 늘 진리의지를 앞세워서 권력의지가 진리를 위한 성스러운 투쟁에 불가피한 현상임을 믿게 한다."

요즘 지식인도 열광의식에 매몰된 것 같다. 그들의 눈동자를 보라. 오직 자기 지식(신념) 밖에 보지 않는다. 철학자 최진석(서강대 철학과 교수)은 최근 한 인터뷰에서 우리의 좌우논쟁의 폐해를 이렇게 질타했다. "좌파는 민족을 주어로, 우파는 국가를 주어로 역사를 바라본다. 문제는 좌파도 1970년대의 민족의식, 우파도 70년대의 국가인식에 머물러 있다. 그 틀로 어떻게 2013년을 해석하겠나. 지금은 한국 기업이 미국에도, 유럽과 중국에도 세금을 낸다. 또 우리는 이미 다민족 사회로 진입했다. 2013년의 국가, 2013년의 민족을 갖고 다시 논쟁을 시작해야 된다."

복지광풍도 불고 있다. 하지만 우리는 안다. 복지 속에 피신한 우리의 반복지 심리를. 그래서 자꾸 궁핍한 복지공화국으로 전락하는 것 같고. 진정한 복지는 공기가 아닐까. 누가 누굴 돕는지 잘 모르는 것, 도움받는 데도 염치가 있어야 한다는 것, 도움을 주는 사람도 염치가 있어야 한다는 것, 복지가 위세와 감투가 되어선 안된다. 측은지심은 절대 홍보를 원하지 않는다.

갈수록 개인은 절망하고, 단체는 점점 더 음흉하고 위세등등하다. 숱한 기관, 단체를 위해 퍼부어지는 눈먼 국가예산. 그걸 노리는 업자들. 자식을 방패삼아 자기 꿈을 키우는 부모들. 자기는 없고 오직 '남(우리)의 담론'만 유령처럼 부유하고 있다. 청년은 부모와 사회가 부러워하는 폼나고 편한 직장을 잡는 데 올인한다. 자기 욕망이 담긴 꿈은 언감생심이다. 다들 자리와 명예를 찾아 떠돌아 다닌다. 하지만 호의호식을 겨냥한 자리에는 절대 꿈이 없다.

  모두 나라가 바로 서야 내가 선다고 착각하고 있다. 과연 그럴까? 내가 좋아하는 하나의 일이 있다면 그게 비록 먼지만큼 사소한 것일지라도 누가 뭐래도 그게 천하일 수 있는 것이다.

엔딩 노트

그동안 삶은 갑, 죽음은 을이었다. 잘 죽을 권리에 대해서는 언급을 회피했다. 삶의 권리만 존중받았다. 그래서 늘 죽음은 쪽박이었다. 삶이 완전 방전된 중환자를 보라. 산소호흡기를 달고, 튜브를 통해 음식이 강제적으로 내려보내지고, 궁극에는 고통 정도를 알 수 없는 심폐소생술〔CPR〕이 실시된다. 불효자일수록 자기 불효가 미워 전재산을 연명치료에 쏟아붓는다. 의료비의 절대 다수는 임종의 과정에 소진한다. 빠듯하게 사는 서민 자식들로서는 이러지도 저러지도 못한 채 절벽으로 내몰린다. 끝내 "이제 그만 저 세상으로 돌아가세요."라고 울부짖는다.

나는 두 명의 소설가를 기억한다. 최인호와 복거일, 최인호는 암수술을 하는 바람에 삶의 마지막을 아무것도 못하고 임종했다. 최인호한테 충격을 받은 복거일은 말기 간암에도 불구하고 항암치료를 단호하게 거부했다. 그런데 요즘 더 왕성하게 집필활동 중이다.

나도 언젠가부터 '죽음에 대한 서약'을 적고 있다. 일종의 존엄사

준비작업이다. 일본에선 요즘 생이 또렷할 때 자신이 어떻게 죽을 건지를 조목조목 체크하면서 작성하는 엔딩노트(Ending note)가 인기다. 미야자키현 미야자키시에서 보급 중인 내 마음을 전하는 노트다. 일종의 의학적 버킷리스트이다. 설문 조사에서 "갑자기 혼수상태에 빠져 병원에서 연명 치료를 받으면서 생의 마지막을 보내고 싶지 않다."는 고령자가 많아 보급된 것. 혼수상태나 사망시, 유언과 응급상황 발생시 처치 정도. 이를테면 연명치료 여부 등을 결정한다든가 자세한 장례 절차까지 구체적으로 기록하게 했다.

케이티 버틀러의 『죽음을 원할 자유』는 인간의 죽을 권리까지 빼앗아간 첨단의학을 비판하고 있다. 미국 일간지 《샌프란시스코 크로니클》에서 의학전문 기사를 써 온 그녀는 "첨단의학기술은 죽음을 막아주지만 진짜 삶을 되찾아 주지 않는다. 더 큰 문제는 과잉 치료인데, 죽음으로 가는 길에서 불필요한 고통을 겪게 한다."고 고발했다. 해외에선 심지어 조력자살을 위해 스위스로 아름다운 자살여행을 하는 이도 있다. 사전의료의향서 실천모임도 결성됐다. 국내에서도 미리 '연명치료를 거부하는 서약서(DNR)'를 작성하는 부부가 자꾸 늘고 있다. 의료진에 보여주면 가장 품격있는 임종을 도와준다. 현행법상 의료진은 한 번 부착한 산소호흡기를 마음대로 뗄 수가 없다. 섣부른 연명치료가 자칫 모두에게 불행이 될 수 있다.

장차 삶의 성공 여부는 삶 쪽에 있는 게 아니다. 바로 죽음 쪽에 있을 것이다. 정부와 의료진, 그리고 시민단체가 '잘 죽을 권리'를 각성시켜야 할 때다.